U0638753

青少年百科丛书

科学巨匠

赵志远 主编

新疆美术摄影出版社

图书在版编目(CIP)数据

科学巨匠 / 赵志远主编. — 乌鲁木齐：新疆美术摄影出版社，
2011.12
（青少年百科丛书）
ISBN 978-7-5469-1984-3

Ⅰ.①科… Ⅱ.①赵… Ⅲ.①科学家 – 生平事迹 – 世界 – 青年读
物②科学家 – 生平事迹 – 世界 – 少年读物Ⅳ.①K816.1-49

中国版本图书馆 CIP 数据核字（2011）第 253832 号

青少年百科丛书——科学巨匠

策 划	万卷书香	
主 编	赵志远	
责任编辑	孙 敏	
责任校对	祝安静	
封面设计	冯紫桐	
出 版	新疆美术摄影出版社	
地 址	乌鲁木齐市西北路 1085 号	
邮 编	830000	
发 行	新华书店	
印 刷	北京佳信达欣艺术印刷有限公司	
开 本	710 mm×1 000 mm 1/16	
印 张	10	
字 数	130 千字	
版 次	2012 年 1 月第 1 版	
印 次	2012 年 1 月第 1 次印刷	
书 号	ISBN 978-7-5469-1984-3	
定 价	19.80 元	

本书的部分内容因联系困难未能及时与作者沟通，如有疑问，请作者与出版社联系。

目 录

中国科学家

外国科学家

MU LU

中国科学家

ZHONG GUO KE XUE JIA

☆战国神医——扁鹊

扁鹊像

扁鹊本名叫秦越人，生于约前401年，卒于前310年，是战国时期齐国的名医，也是中国中医发展史上承前启后的重要的医学家。

扁鹊出生在齐国渤海郡鄚州（今河北任丘县）。他自幼父母早逝，家境贫寒，小小年纪，为了生活，不得不到市镇上的一家小客店当伙计。

秦越人手脚勤快，待人热情，又善解人意，旅客们有什么难事，他都主动热情地帮助，因此很受旅客们的欢迎。

一天，一位住店的老大爷发烧，烧得很厉害。有人从镇上请来了自称是神医的巫医。只见那巫医紧闭双眼，双手合拢，嘴中念念有词。一会儿又用双手故作姿态，东抓一把，西抓一把，煞有介事地比划一番之后，掏出一个纸包说是神药，吃下去会药到病除。然后，他收了银子，就跑了。

人们正要把药喂给老人吃时，秦越人急忙上前拦住说："这药可不能吃，我亲眼所见，好几个病人吃了这药都死了！不信，你们打开看看！"话音刚落下，有人把那巫医给的药打开一看，大叫一声："全

是木屑拌黄土烧成的灰，这怎么能治病呢？"有的客人问秦越人："这附近还有其他的医师吗？"小伙计秦越人说："要是长桑君在就好了，他的医术是很高明的，吃他的药准好！"大家正说着呢，忽然听到有人说话："秦越人，店里还有铺位吗？"秦越人回头一看，高兴地说："啊呀，刚说到先生，先生就来了。这里有一位老爷爷发烧，病得很厉害，请您赶快给他看看吧！"长桑君放下包裹，马上为老人诊病。他先是把脉，又看了看老人的舌头，询问病情后开了几味药，说："马上给老人家喝下去。喝了药以后，给他盖上被子，发发汗，很快就会好的。"

第二天，那老爷爷的病果然好多了，不但退了烧，还起来喝了粥。到了第三天，老爷爷已经可以到集市上去办货了。大家都说："长桑君的医术真高明啊！"秦越人说："以后我们大家可要信任医师呀！千万不要再请巫医了。"有人说："先生可不能走啊，你走了以后，那巫医就又会回来骗人了！"长桑先生说："我必须四面八方去行医治病，不能老呆在一个地方。我尽力而为吧！只怪行医的人太少啦！"这时，秦越人说："先生，让我跟您学医吧！"长桑先生问："你真有这个决心吗？做医生可是非常艰苦的事！"秦越人说："先生，我不怕苦！"长桑先生答应了："你

扁鹊是战国时期齐国的名医，因对医药精通而享有"药王"的美称，发明望、闻、问、切的诊断方法。

真有这个决心，我就收下你这个徒弟，有志者事竟成！"

从这以后，长桑君走到哪里，秦越人就跟到哪里。他白天细心观察老师怎样为人诊病，还要东奔西跑四处送药；晚上再把白天看到的病情和治疗方法记下来，十分刻苦。

就这样，没用多久，秦越人已经可以自己独立行医看病了。他医德高尚，对待病人就像对待自己家里的亲人一样。特别是遇到危重病人，他就日夜守护，寸步不离，宁可自己不吃不喝，也要医好病人。正因为他视病人如亲人，所以，一传十，十传百，一来二去的，老百姓都知道好医生秦越人了。慢慢地，他的名气越来越大，深受百姓的信赖。

随着时间的推移，长桑君的年纪越来越大。看到秦越人已成为一名受人爱戴的良医，长桑君感到无比欣慰。因为无儿无女，他便把一生积累下来的药方全交给了秦越人，然后就悄然离开了。

秦越人身受师傅的重托，心怀对老师的思念，夜以继日地研究老师留下的药方。他又把亲眼目睹的病历综合起来，用心体味、总结，医术不断提高，凡经他

诊治过的病人，总能药到病除。传说在黄帝时期，有一个神医名叫"扁鹊"，于是大家便把秦越人也称之为"神医扁鹊"，认为秦越人就是扁鹊的化身。于是，有关神医扁鹊的佳话和故事便在百姓中间流传开来。

长期的民间行医，走村串户，还使扁鹊搜集到了许多治病秘方，他去伪存真，认真整理应用。而且不烦一病多方，进行综合治疗。扁鹊尽心竭力为病人着想，又肯刻苦钻研，医术越加高超，成了春秋战国年间名扬各国的良医。在科学发达的今天，有许多潜藏在体内的病症，只要用先进的医疗技术就可以检查出来。可是，在科学非常落后的古代，却是很难办到的。

在"切"诊断脉方面，汉代史学家司马迁对扁鹊给予很高的评价，称其为脉诊

扁鹊对祖国医学的贡献，永远为后世人们所传颂，人们尊称他为"药王"。

的先驱。

有一次,扁鹊路过虢国(今河南省陕县),听说虢国正为太子办丧事。扁鹊详细地询问太子的侍从人员,得知了太子发病的经过,巫医的误医情况,还有死后的尸体征状等。然后,扁鹊对侍从们说:太子没有真死,也许还能救活。侍从把扁鹊的话告诉了国君。国君在半惊半喜之中将扁鹊请入宫中,扁鹊经过仔细地按脉诊断,发现太子还有微弱的呼吸,两腿还没有全冷,断定不是真死,而是得了"尸厥病"(也就是休克),还有治好的希望。扁鹊用针灸的方法进行急救,使太子苏醒过来,又经过二十多天的汤药治疗,虢国太子就完全恢复了健康。从此以后,后世人便传

颂着扁鹊能"起死回生"的故事。扁鹊对于人们的赞扬很谦虚地说:"不是我有什么本领能够把死人救活,而是病人本来就没有死。"他这种谦虚的态度一直受到人们的称赞。

扁鹊在长期的临床实践中总结出了"六不治",他认为:专横跋扈,骄奢淫逸,不讲道理,为一不治;重财轻身,爱财如命,为二不治;不注意寒暖、暴饮暴食,为三不治;思想不开展,好动怒生气,为四不治;有病不愿吃药,为五不治;迷信巫术而不相信医学,为六不治。以上六种情况,都是不好治疗的。他把人的生理和心理看成是一个有机的整体,这在今天看来也是符合科学道理的。

☆造纸术的改进者——蔡伦

蔡伦像

蔡伦出生于湖南一个平民农家,他的家境十分贫穷。

公元75年时,迫于生计,蔡伦无奈进了汉明帝的宫里当了太监。当时成为太

监,不仅要忍受阉割之苦,还要受到亲属朋友的嘲讽。蔡伦为了摆脱贫穷,在精神上不知忍受了多少的痛苦。

进入宫中,蔡伦从小黄门做起,天天要侍候皇帝和皇室成员,忍受大太监的责骂。蔡伦小心谨慎地效劳,不敢有半点马虎。蔡伦逐步取得了皇帝的信任,就这样,他一步步高升到龙亭侯。在长期的宫廷生

蔡伦出生年月不详,卒于121年,是我国伟大的发明家,对推进世界文化的传播、发展做出了巨大贡献。

西汉纸地图

　　1986年甘肃省天水市放马滩汉墓出土。是世界上最早的纸，造纸原料为大麻。

蔡伦

活中，蔡伦深感到没有简易的文字载体的不便，他下决心要解决这个问题。

　　自从有了文字，就出现了书写文字的载体，如石头、龟甲、树叶、竹片、丝帛，乃至羊皮。但它们作为文字载体的缺点也是显而易见的，或笨重或昂贵或不易保存。相传西汉的东方朔给汉武帝写了一

封长信，总共用了3000根竹简，要用几个大力士才能搬动，汉武帝整整花了两个月的工夫才把它翻完。在西汉时期，我国已经出现了最早的纸，不过当时技术不成熟，制作成本也非常高。所以大部分"书"都由竹简或木简制作成。

　　东汉和帝九年，蔡伦担任了尚方令这一官职。尚方令专门负责皇宫里面使用的器物。蔡伦很有才能，并且能够深入群

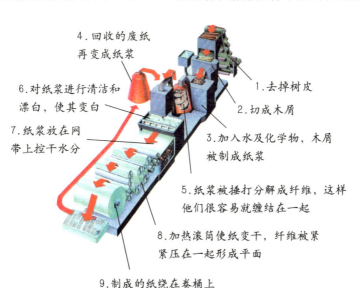

4.回收的废纸再变成纸浆

6.对纸浆进行清洁和漂白，使其变白

7.纸浆放在网带上控干水分

1.去掉树皮

2.切成木屑

3.加入水及化学物，木屑被制成纸浆

5.纸浆被捶打分解成纤维，这样他们很容易就缠结在一起

8.加热滚筒使纸变干，纤维被紧紧压在一起形成平面

9.制成的纸绕在卷桶上

现代造纸术工序图

众，向群众学习。他是个有心人，经常到田野和河边走访，观察河边妇女们洗蚕丝和抽丝漂絮的过程。他发现好的蚕丝拿走后，会在席上形成薄薄的一层残留物，有人把它晒干，用来糊窗户，包东西，也可以用来写字。他还到造纸的作坊向造丝絮纸的工匠们请教，逐渐深入地了解和掌握了造纸的基本方法。

当时，蔡伦注意到，劳动人民的衣服大都是用麻料制成，他们在沤麻的过程中，也像洗絮一样，最后也会在篾席上残留一些薄膜。蔡伦想："如果麻纤维也能造纸，造纸的材料来源问题不就解决了吗？"

于是，蔡伦和很多能工巧匠一起，经过试验，研制了一个造纸的工序：一分离，

蔡伦墓

二捶捣，三交织，四干燥。

在造纸的过程中，他们不断总结和改进，使生产技术不断提高，生产程序也日渐完善和成熟。

有了丰富的材料来源和比较容易掌握的生产方法，造纸业得到了极大的发展。

☆ 汉代杰出的科学家——张衡

张衡像

张衡出生于南阳郡西鄂（今河南南阳西鄂县）。张衡的祖先虽是南阳名门，但到他父亲那一代，就已经衰落。因此张衡从小生活就比较清苦。

小张衡有个不同于别的小伙伴的特殊的爱好——喜欢数星星。每到满是星星的夜晚，小张衡总是会站在院子里，数着浩瀚的夜空里一闪一闪的星星，这时慈祥的奶奶总会在旁边笑着说："傻孩子，星星哪能数得完呢？"

在他10岁那年，祖母和父亲相继去世

张衡生于公元78年，卒于139年。我国汉代著名的科学家、文学家，也是世界著名的科学家。他的名字已经和他的浑天仪、地动仪一起载入世界科技史册。

了。舅舅送张衡到书馆里去读书。他深知读书对他来说是多么的不容易，因此非常刻苦。不久，小张衡开始作诗了。他作的诗常常受到老师的夸奖。

为增长知识，张衡博览群书。一天，他看到一本叫《鹖冠子》的书，被书中按北斗星定季节的四句话深深吸引住了。从此，他常常仰望着星空，观察北斗星的变化，日积月累，张衡发现北斗星在围绕着一个中心转，一年转一圈。他自言自语地说："啊，我终于明白'北斗星移'，是怎么一回事啦！"

由于勤学好问，随着一天天地长大，张衡的知识也越来越丰富了。17岁那年，为了增长自己的学识，他对母亲说："人说见多才能识广，多走一些地方，才能多看一些东西，以增加知识。我决定离家远游。"经母亲同意，他卖掉了一部分房产，凑齐路费，上路了。一路上，他寻访古迹，调查各地风土人情、物产、人民生活状况，把亲眼所见和亲耳所闻与书本上的知识加以对照，提高了自己的认识和理解能力。到了洛阳，他结识了很多的朋友，他们在一起研究数学、天文学、历法等。而后，他又借阅了一些书籍，学识大增。公元100年，张衡写成了名作《二京赋》，它由《西京赋》和《东京赋》两篇构成，二者篇长近万言，浑然天成。该文描写了汉之东京、西京的宫廷、市井生活，场面宏大，文风典雅，刻画生动准确，具有很强的讽谏精神，在形式和内容上都把汉赋推向了一个

高峰。张衡的《二京赋》在中国文学史上占有光辉的一页。

公元108年以后，张衡开始将研究重心转向自然科学。115年，张衡任太史令，这是古代专司天文的职官，从此张衡更有了专门从事天文观测研究的方便条件。他经过多年的实际观测和研究，写出了世界天文学史上不朽的名著《灵宪》。他打破了盖天论"天圆地方"的说法，提出了浑天思想，并指出宇宙在空间和时间上是无限的，宇宙是无边无际的，而天体是有限的，只是宇宙的一部分。他还解释了日食、月食形成的道理，从而开始了我国历史上预报日食、月食的历史。这比西方早了1000多年。117年，张衡制造了世界上第一台能比较准确地测定天象的浑天仪。这是一个球形仪器，用铁轴贯穿球心，轴的方向就是地球自转的方向。他还用滴漏壶与之相联，用滴水力量推动齿轮带动浑天仪，一天一转，可将天文现象按时按刻显示出来。这一重大发明，是当时世界上

张衡发明的地动仪

独一无二的。

121年，张衡被调任公车司马令，但他并没有放弃科学研究和发明创造。126年，张衡再次被任为太史令。由于精心观测和研究，他认识到地震是可以测定的。经过不懈的努力，张衡终于在他55岁时，发明了世界上第一架测量地震的地动仪。此仪器用青铜制造，形象如大酒樽，在樽的周围分别镶着8条龙，按照东、南、西、北、东南、东北、西南、西北8个方向排列，每条龙嘴里各衔着一颗铜球。如果哪个方向发生了地震，传来震波，哪个方向的龙嘴里的铜球就会滚落下来。有一次地动仪上的龙吐出铜球，然而人们并没有感觉到地震，就认为张衡制造的仪器不可信。几天后，信使来报，地震发生在甘南，与吐出铜球的龙所指的方向相合。这时众人才对仪器的神奇妙用交口称赞。张衡的地动仪比欧洲人的同类仪器早了1700多年。张衡在潜心治学的同时，仍不忘国事。他看到皇帝奢华无度，朝政日衰，就上疏直言进谏要求皇帝改正。张衡刚直不阿，令宦官们感到畏惧。他到外地做官时，办了很多实事，得到了百姓们的赞许。

晚年的张衡看到东汉帝国政治腐败，自己的理想难以实现，一直郁郁不乐。

公元139年，张衡在洛阳病逝，终年62岁。

☆妙手回春的神医——华佗

华佗像

华佗很小的时候，他的母亲就患急症病死了。华佗从此立志要当医生，为穷人治病，替他们解除痛苦。

他听说琼林寺的长老医道高明，就不辞辛劳，跋山涉水，前去拜师。琼林寺的长老见他远道而来，诚心拜师，便收下了这个徒弟。

在寺中，白天干完杂活后，一有空，华佗就去看师傅为人诊病，晚上读医书直到深夜。他的勤奋，得到了师傅的夸奖。

有一次，长老突然发病昏倒，师兄们都惊慌失措，华佗却十分沉着镇静。他主动为师傅把脉，用心思考，过了片刻，他对师兄们说："不要紧，师傅的脉象平和有力，没有什么大的毛病，只是劳累所致，很快就会好的，请放心吧。"

大家听了也就踏实了。谁知大家刚刚安静下来，师傅却笑了起来："哈哈，你们这些人只有华佗及格！"原来师傅并没有真的生病，只是有意识地在考大家。回到屋子里，华佗发现刚才因为离开得急，碰倒了烛台，桌上的医书被烧了。他没声华佗出生年月不详，卒于208年，是东汉末年著名的医学家、养生家，外科技术尤其精湛，他首次将麻醉剂应用于外科手术，大大推进了外科手术的发展。

张，悄悄地又把书默写了出来。师傅得知这件事后，对华佗赞不绝口。

远在东汉时期，华佗就已经可以给病人做手术了。但是当时没有麻醉药，做手术的时候，因剧烈疼痛，病人经常是四肢乱动。无奈，华佗只好将病人捆绑起来。可是这样还是不行，病人只要看见华佗手中的刀，就吓得大嚷大叫。看到病人痛苦的样子，华佗很是担忧。

一天，几个人抬着一个受伤的青年来求医。华佗一看，这个人的腿摔断了，因疼痛已经昏迷，于是立即给他动手术。因为伤势严重，失血过多，华佗来不及像往常一样捆绑病人，就开始了手术。开始

时，华佗怕病人乱动，叫护送的人使劲按住病人的四肢，可是病人却毫无挣扎的意思。手术进展得十分顺利。华佗感到纳闷：

"这是怎么回事呢？病人为什么没有任何反应？"

他仔细观察，闻出了一股酒味。华佗恍然大悟：人喝了酒，到了醉的程度，就会失去知觉，当然就不知道疼痛了！华佗从中受到了很大的启示：发明一种药，手术前让病人吃下去，就可以减轻痛苦了。

此后，华佗走遍山山水水，和很多精

青铜医工盆

通医学的人探讨，还亲自上山采集了许多草药，配成了各种药方，煎熬后，自己先进行尝试，反复试验许多次，终于发明了中药的麻醉剂——麻沸散。此后，人们动

华佗创制的五禽戏

刮骨疗毒

华佗为关羽刮骨疗伤，关羽却能镇定自若地下棋。

手术再也不用为疼痛而担心了。

华佗的诊断技术极为高超。有一天，在盐渎一家酒店，几个人正在饮酒，华佗看一个叫严昕的人脸色不正常，便问："你身体好吗？"严昕感到奇怪，回答说："很好，很正常。"华佗说："你有急病，最好不要多饮酒。"但严昕并没有在意，结果在回家的路上他感到头晕目眩，从车上跌下，被人扶回家后不久便死去了。

一生救死扶伤的华佗，最后却屈死于封建专制制度之下。位居丞相，权重一时的曹操患有头风眩（可能是三叉神经痛），屡治不见效果。闻得华佗医术超群，便召请华佗治疗。华佗来到许昌只给他扎了一针，便止住了疼痛，但不能断根。曹操为能够随时让华佗给自己治病，达到笼络方士的目的，强留华佗做他的侍医。不为名利所动亦不愿受此拘束的华佗不久即托辞妻子有病请假归乡，并一再延期不返。曹操勃然大怒，多次书信催促并敕郡

县官吏督行，仍不见华佗回来，曹操盛怒之下，差人查访说，若华佗妻果真有病则赐以小豆四十斛，并再宽假数日。若是欺骗，便收华佗入监。后华佗被捕入狱，终遭曹操杀害。在临终之前，华佗曾把他一生行医的经验总结写成一部书稿交付给狱吏，告知他这是可以救人活命的书，狱吏却因怕受牵连而不敢接受。失望而无奈的华佗于悲凉之中索火焚毁了书稿，一生心血的结晶，顷刻之间化为灰烬。

华佗在医学史上首先采用了以麻沸

轶事趣闻

华佗的诊断技术非常高超。有一次，李将军的妻子病得非常厉害，请华佗为之诊脉。华佗诊后说："这是因为夫人伤了身子，胎儿已经死在腹中没有下来。"李将军说："确实是伤了身子，但胎儿已经下来了。"华佗说："从脉象来看，胎儿并没有下来。"李将军没有相信华佗的诊断。过了百余日，将军夫人的病情加重，再请华佗诊视，华佗说："脉搏跳动如前，夫人怀的是双胞胎，可能由于生了第一个孩子失血过多，第二个孩子没有生下来，现在胎儿已经死在腹中，只好用针灸和汤药把他催下来。"经过华佗的治疗，果然取出一个死胎，人形具备，只是已经变为黑色。

散进行全身麻醉对患者进行手术治疗的方法，将外科手术的范围空前地扩大，同时也为医学的发展开辟了新的道路。他还是体育疗法的创始者，创造了"五禽戏"，通过模仿虎、熊、鹿、猿、鸟的动作而保证血脉通畅，使消化能力加强，从而达到锻炼身心的目的。华佗对后世的中国医学产生了深远的影响，不但在当时被称为"神医"，而且被历来的医家推崇为"外科鼻祖"。

☆征服伤寒的医圣——张仲景

张仲景像

张仲景是东汉南阳郡涅阳人（今河南省邓县穰东镇），他是中国古代杰出的医学家。

张仲景出身于一个富裕的家庭，有着优裕的生活和学习条件。少年时代，张仲景孜孜不倦地学习，博览群书。

据史书记载，东汉桓帝时大疫三次，灵帝时大疫五次，献帝建安年间疫病流行更甚。成千上万的人被病魔吞噬，以致造成了十室九空的空前劫难。其中尤以东汉灵帝（168～188）时的171年、173年、179年、182年、185年等几次的疾病流行规模最大。

南阳地区当时也接连发生瘟疫大流行，许多人因此丧生。张仲景的家族本来是个大族，人口多达200余人。自从建安初年以来，不到10年，有三分之二的人因患疫症而死亡，其中死于伤寒者竟占十分之七。

面对瘟疫的肆虐，张仲景内心十分悲愤。对此，张仲景痛下决心，潜心研究伤寒病的诊治，一定要制服伤寒症这个"瘟神"。

张仲景年少时随同乡张伯祖学医，由于他聪颖博达、旁学杂收，长进很快。不过几年就学到了师傅的医术，擅长于治疗，尤其精通方术。

一天，来了一位唇焦口燥、高热不

张仲景祠

退、精神萎靡的病人。老师张伯祖诊断后认为这是"热邪伤津，体虚便秘"所致，需用泻药帮助病人解出干结的大便，但病人体质极虚，用强烈的泻药病人身体会受不了。张伯祖沉吟半晌，一时竟没了主张。张仲景站在一旁，见老师束手无策，便开始动脑筋思考。忽然，他疾步上前对老师说："学生有一法子！"他详细地谈了自己的想法，张伯祖听到后，紧锁的眉头渐渐舒展开来。

张仲景取来一勺黄橙橙的蜂蜜，放到一只铜碗里，就着微火煎熬，并不断地用竹筷搅动，渐渐地把蜂蜜熬成黏稠的团块。等它稍冷了，张仲景便把它捏成一头尖的细条形状，然后将尖头朝前轻轻地塞进病人的肛门。一会儿，病人拉出一大堆腥臭的粪便，病情顿时好了一大半。由于热邪随粪便排净，病人不几天便康复了。张伯祖对这种治法大加赞赏，逢人便夸。这实际上是世界上最早使用的药物灌肠法。

到了东汉灵帝刘宏执政时，张仲景被推举为孝廉。献帝建安中期，他当上了长沙太守。张仲景十分关心民众疾苦，每月逢初一、十五，大开府门，在公堂上为老百姓诊病，久而久之，便成了惯例。

由于困惑于当时的形势，张仲景不愿意在官场上角逐，便辞退官职，专心致力于医学研究。张仲景凭着自己的天赋和勤奋，凭着对医学的执著探求，勤求古训，博采众方，深入实践，辩证施治，破除迷信，勇于创新，成为一代名医。

张仲景得到先秦医著，如获至宝，认真钻研。他反复研读《素问》《灵枢》《黄帝八十一难经》《阴阳大论》《胎胪药录》等医学著作，从中吸取前人的宝贵经验。

张仲景长年奔波于患者之间，为民治病，积累了许多临床经验。他在京师的时候，因为很有名望，来求诊的病人很多，有时应接不暇。他常常能准确判断人的生死，屡试不爽，所以人们称他是"扁鹊再世"。

具有超人才智的张仲景不仅借鉴别人的经验为病人治病，而且有所发明和创造。张仲景煎干蜂蜜制成"药锭"，畅通大便；采用人工呼吸施救病人，也成为了现代医学的常用手段。

在临床实践中，张仲景创立了汗、吐、下、和、清、温、补、消治八法，其

张仲景一生都致力于医学研究

中除吐法现在很少采用外,其余七法一直在中医临床上沿用。

张仲景在晚年完成了《伤寒杂病论》,成为我国中医经典著作之一,极大地丰富了我国的临床医学理论。在《伤寒杂病论》中,张仲景用唯物主义的观点精练透彻地说明了人类致病的原因,论述了致病的内在、外在的相互关系。他指出:"千般灾难,不越三条。"在这里,张仲景以人体内部器官机能的变化、外邪的入侵、物理因素等原因作为病因,提出了病因来自内因、外因及不内外因的三因说。在1700多年前,能够如此详述疾病的原因是极其难能可贵的。

张仲景主张"治未病",强调防患于未然。平时要饮食有节,起居有规律,劳逸适当,注意锻炼身体,只有这样才能达到预防疾病,保持身体健康的目的。

张仲景把自己的一生无私地奉献给了医学事业,使后人获益良多。张仲景去世后,人们把他安葬在河南邓县,并为他竖碑立墓。

河南南阳张仲景博物馆

☆承前启后的针灸大师——皇甫谧

皇甫谧是西晋医学家,所著《黄帝三部针灸甲乙经》(简称《甲乙经》)是我国第一部针灸专著。这部著作不仅在我国医学史上占有重要地位,就是对世界医学事业也有着深远的影响。

皇甫谧祖上是东汉的名门望族,地

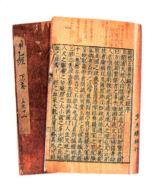

《针灸甲乙经》书影

位显赫，有权有势。后来家道中落，到他这一代时已经十分贫苦。皇甫谧自幼父母双亡，只好过继给叔父。他虽然寄人篱下，却不会料理自己的生活，也不会下地劳动，更不爱读书，只是终日游荡，消磨时光，人们都笑话他是"傻子"。

皇甫谧的叔叔也很贫困，靠几亩薄田过着穷困的生活，叔叔离世后，家里的经济状况更不如从前了。看着20岁的皇甫谧，正是开拓一番大事业的时候，却还是整天东跑西奔，喧闹嬉戏，游荡无度，叔母心里非常忧虑。

一天，皇甫谧兴冲冲地将玩耍时采摘来的野果献给叔母，叔母见了双眉紧锁，沉默了好久，才长叹一声，对皇甫谧说道："难道我做长辈指望于你的，就是这些野果吗？你年纪已经不小了，为何如此不长进呢？叫你努力读书，并非图你日后有什么报答，而是为了你自己能有所作为啊！"

皇甫谧听了叔母这番话，深受感动，在叔母耐心的帮助和教育下，他改弦易辙，发奋读书。

他努力克服懒散的习惯，拖着疲劳的身体，苦心读书。没有钱买书，便到处借书、抄书阅读。越读书，他的视野就越开阔。

但是，光靠自学要想取得很大的进步，毕竟是存在不小的困难。为此，皇甫谧又向父亲的至交席坦虚心讨教。席坦看他很聪明勤奋，又有上进心，便悉心指点。几年以后，皇甫谧终于成为了一位当地很有名的学者。

魏甘露元年，即公元256年，病魔突然降落在皇甫谧身上，他大病一场。这场病改变了他的生活道路，促使他对医学产生了浓厚的兴趣，从此专心钻研医学。

针灸铜人

体表刻有14经络、354俞穴的位置和穴名。

有一年，天气不好，雨水很多，终日不见太阳，屋里潮湿。42岁的皇甫谧忽然感到半边身体酸痛不已，行动不能自主。家里人赶紧请人给他医治。医生经过切脉、按摩，告诉他得的是风痹病。风痹病在当时是一种比较难治的疾病。

患风痹症对皇甫谧是一个沉重的打击。半身不遂不仅严重地影响他的生活，而且给他读书带来很大不便。但他是个有毅力的人，一方面坚持用针灸治疗，一方面开始学习针灸。他熟读诸子百家的典籍，又研读《内经》《明堂孔穴针灸治要》等医书。为了证实医书上说的是否有道理，他多次在自己身上试针，有些穴位自己扎不到，就叫家里人帮忙。皇甫谧坚持数年后，病情有所稳定。他治病的信心越来越强，对医学研究的兴趣也越来越浓厚了。

皇甫谧像

但是就在这时，他又遇到了一次更为沉重的打击。因为服用一种名叫寒石散的药，他得了一场大病。这寒石散包括五种石性药物，又称"五石散"。当时大官僚和读书人普遍认为，服了这种药，人可以像金石那样坚实不朽，以致"心性开朗，体力转强"，甚至可以长寿成仙。可实际上，这是一种有毒的东西，长期服用会送掉性命。皇甫谧原本就半身不遂，再加上新病折磨，一度意志消沉，甚至想自杀了事。最后，还是研究医学的责任感，使他打消了这个念头。

随着学识的不断增长，皇甫谧的声望也越来越大。地方官请他出来当官，并准备推荐他为孝廉，他没有接受；极有权势的司马昭，亲自请他出来当官，他也予以拒绝；司马昭的儿子司马炎称帝后，又屡次下诏请他当太子的老师，他还是没有答应。他这样坚决地拒官，主要是受疾病的打击，一心要学医的缘故。

晚年的皇甫谧，以全部精力从事医书的著作。他长期患病，主要用针灸医治，从事这方面的研究所花费的心力最多，也最有体验，自然而然地要著一部有关针灸的书，这就是《黄帝三部针灸甲乙经》（简称《甲乙经》）。

针灸术是祖国医学对世界医学的特别创造与贡献。它的起源很早，秦汉前治病以针灸为主。所以，我国古代著名医学家都擅长针灸，重要医学典籍基本上都有对针灸的介绍，只是到了皇甫谧的《甲乙经》问世，才第一次比较全面和系统地总结了我国针灸的理论和丰富的经验，对针灸的发展，做出了新的贡献。

皇甫谧根据《素问》《针经》《内经》和《明堂孔穴针灸治要》等书中的有关资料，结合自己的丰富经验撰写而成的《甲乙经》，共十二卷。这部著作根据针灸的需要，将有关材料按脏腑、诊断、治疗等，进行了系统的整理。书中对人体总共确定了654个穴位，对每个穴位的治疗作用、禁忌症、操作方法以及其他必备的知识，作了详细的说明。

皇甫谧在书中，又根据病理，说明哪种病适宜针灸，哪种病不宜针灸。比如，

他指出九种热病不宜针灸，如果针灸的话，就会导致死亡等等。凡属过去对穴位确定有错误的，他也一一予以纠正。

皇甫谧的《甲乙经》对我国针灸学起了承前启后的作用。后代的针灸学著作，都是在它的基础上发展来的，唐、宋时代中央的医学机构，都以该书作为针灸科教材。因此，后世一直把这部书看作是中医针灸学之祖。公元5世纪，《甲乙经》传到了日本和朝鲜。后来，日本天皇仿效唐制设立医学校时，也以此书作为针灸科的教材。至今，有的国际针灸组织，还把这部著作定为确定穴位的参考书，可见其影响之深远。

☆南朝杰出的数学家——祖冲之

祖冲之像

祖冲之生于429年，卒于500年，是我国南北朝时期的一位著名的科学家。他在数学、天文历法、机械制造等领域都做

出了卓越的贡献。

祖冲之出生于范阳(今河北涞水县)一个科学世家，生活条件优越。他自幼就特别喜欢数学，不喜欢读那些枯燥的经书，也不喜欢背那些难懂的诗词。他对仕途毫无兴趣。为此，父亲经常责骂他。祖父祖昌任大匠卿，主管土木建筑。他常为祖冲之辩护说："只会死记硬背，不肯动脑筋，又不会动手的人才真的没有出息呢！"因此，祖冲之特别喜欢和祖父在一起。祖父经常给他讲一些建筑知识，这对小冲之影响很大。无论去哪儿，祖父总把小冲之带在身边，以增加他对社会的了解，开阔视

野,扩大知识面。工地上有许多能工巧匠,他们个个能画会算,祖冲之对他们从心眼里敬佩。

平时,祖冲之和工地附近村里的小孩儿们一起玩,这些小孩子会爬树,认识很多的花、草、树木、鸟儿和虫子,还会游泳。和他们在一起,祖冲之也学到了许多知识。

祖冲之是个爱动脑的孩子,他经常向祖父提出一些问题,如:"月亮为什么有的时候是圆的,像个盘子;有的时候是弯的,像把镰刀?""为什么太阳白天出来,而月亮晚上出来呢?""为什么太阳会比月亮热?"……为了解答祖冲之的问题,祖父找来一些文章,让他自己看,并说:"这是汉朝天文学家张衡的文章,认真看看,你会得到一些答案。"

祖冲之如饥似渴地读着这些文章。过了一段时间,祖父问他:"你现在知道月亮

《隋书·律历志》书影,其中有关于祖冲之圆周率的记载。

为什么会有时圆,有时缺了吗?"祖冲之说:"啊,我懂了。月亮本身是不会发光的,朝着太阳的一面有光亮,背着太阳的一面就没有光亮。"他又接着说:"人站在地球上看月亮,正对着阳光照射的一面时,就是满月;侧对着阳光照射的一面时,就是半月;由于角度不同,所以月亮有时看起来像把镰刀……"祖父听了很高兴,就继续问他:"你说得对,如果日月相对,地球在中间,太阳光被地球遮住了,照不到月亮上时,会发生什么情况呢?"祖冲之立刻回答说:"发生月食!"祖父自然又是鼓励他一番。从此,祖冲之对有关天文学的文章和书籍产生了浓厚的兴趣。他看书时,还把祖父给他的小木球(有点像今天的地球仪)摆在面前,转来转去,进行研究。

461年,祖冲之进入"华林学省"(国家学术研究机关)从事科学研究。他孜孜不倦地钻研天文、历法和数学等科学知识。

对于农业生产而言,天文、历法至关

祖冲之木雕像

敦煌出土的九九表竹简

　　九九表是我国古代的乘法口诀，至今仍广为流传。

重要。为促进农业发展，祖冲之以满腔热情投入到天文历法的研究上。他一面熟读先辈科学家的论著，汲取营养，丰富自己；一面亲自操作天文仪器观测天象，从实践中检验前人天文历法理论正确与否。结果他发现古代 11 家历法都有错误。当时实行的《元嘉历》虽比古历精密一些，但问题也不少，主要缺陷在于《元嘉历》推算日月星辰的位置有偏差，所以推算出的节气和所设的闰月均欠精确。农民按《元嘉历》生产，必然造成不应有的损失。于是，祖冲之决意改革旧历。

　　462 年，祖冲之把他编制的新历法献给了皇帝，称为《大明历》。通过编制《大明历》，祖冲之测得地球绕太阳一周的时间为 365.242841481 日，比现代测定的数值仅差 50 秒；测得月球绕地球一周的时间为 29.21222 日，比现代测算的数值相差不到 1 秒，其精确程度在当时世界上是最先进的。为了能替换当时采用的旧历，颁行新历，祖冲之与宋孝武帝的宠臣——懂得天文、历法的戴法兴进行了面对面的辩论。戴法兴认为太阳的运动没有一定的规律，日月星辰运动的快慢，凡人是不可知的，而且历法是古代留传下来的，不应随便更改。他的这些保守的理论都被祖冲之用事实一一驳回。辩论到最后，在场的多数大臣都认为祖冲之是正确的，而宋孝武帝通过双方的辩论也知道了《大明历》的优点，就决定在 465 年改用新历。这场辩论也成为中国历法史上著名的论战之一。

　　祖冲之在数学领域也取得了突出的成就。他按照刘徽的割圆方法继续计算下去，从下 192 边形，一鼓作气演算到正 1536 边形，最终得出了圆周率在 3.1415926 到 3.1415927 之间，在世界数学史上第一次把圆周率推算准确到小数点后第 7 位。在国外直到 1000 年以后，阿拉伯数学家卡西计算到小数点后 16 位，才打破了祖冲之的记录。祖冲之还明确指出了圆周率的上限和下限，用两个高度准确的固定数作界限，精确地说明了圆周率的大小范围。在欧洲，德国人奥托和荷兰人安托尼兹得到这一结果是在 16 世纪。

　　刘宋统治的末年，守卫皇宫的禁卫军头目萧道成打算造一辆好的指南车。这时祖冲之正在朝廷做谒者仆射，平时又有

　　算筹是算盘的前身。祖冲之就是用这种简单的工具将圆周率的值推算到小数点后 7 位数字。

博学的名声，于是萧道成就去请求祖冲之，让他想办法重造一辆指南车。祖冲之答应了。经过反复的试验，祖冲之算准了每一个齿轮的半径和齿距，叫铜匠依图铸造。最后制成了一具铜制的机械，机械的上面插着一个小木人，它的右手前伸，手指指着前方。这辆铜制的指南车真是名副其实，不管怎么转动它，它都始终指向一个方向——南方。这是一项很少有过的高超技术。479年，在齐统治的前期，祖冲之发明了机械船，制造了水碓磨等粮食加工工具。494到498年之间，祖冲之又担任长水校尉的官职，写过一篇《安边论》，很受齐明帝的欣赏。

☆长寿"药王"——孙思邈

孙思邈像

孙思邈生于581年，卒于682年，是我国古代杰出的医药学家，被后代医学界誉为"药王"，著有《千金要方》《千金翼方》两部医学巨著。这两部书集医药学之大成，在我国医学史上占有重要地位。

孙思邈的医术高明，闻名遐迩。隋文帝听说以后，派人到南五台（在现在的陕西省中部）去请他出来做官，孙思邈谢绝了。他认为自己应该为所有的人治病，而不应成为帝王的专用医生。20多年后，唐太宗做了皇帝，把孙思邈召进京城。两个人见面以后，从养生之道谈到治理国家，越谈越投机。唐太宗想把孙思邈留在京城做官，孙思邈却又一次谢绝了。

孙思邈住在长安时，每天来找他看病的人络绎不绝。来看病的人中有很多是有钱人，孙思邈注意到，有钱人患脚气病的特别多。这个现象引起了孙思邈的关注，最后他发现有钱人爱患脚气病和他们不吃粗粮有关，于是他用谷糠、麦麸煮汤给那些病人喝，果然很有效。他从这件事中得到启发，认识到山里人患雀盲眼的很多，和长年吃粗粮不吃荤腥有关。回到山区，孙思邈用动物肝脏为雀盲眼患者治疗，取得了很好的疗效。

孙思邈诊脉图

唐代药盒

山里人多患大脖子病，为治疗好这种病，孙思邈费了不少心思。他发现，不得这种病的人气管比较容易摸到，而得这种病的人则很难摸到，这是怎么一回事呢？为了弄清楚，他便到屠宰场去看羊的气管。他发现羊气管两边也有两团叫靥的三角形小肉块。他估计大脖子是因为靥出了毛病。他查了一些医书，发现的确如此，可以用海藻来治疗这种病。但是那里的山区远离大海，要找到海藻真是太难了。一天，孙思邈听到一老乡说"吃心补心，吃肝补肝"，受到启发，决定用羊靥来治疗大脖子病，果然，病人们服用羊靥一段时间后，大脖子就消失了。

孙思邈是一位很有创造性的医生，有一个几天都无法小便的人来找孙思邈看病，说自己肚子都快胀破了。孙思邈为他配了一付利尿的药，病人喝了不但尿不出来，反而胀得更难受了。孙思邈认为是尿道出了问题，可是怎么才能使尿道通畅呢？看到病人痛苦的样子，孙思邈急得在屋里走来走去。这时，邻居家的小孩正拿着一根葱管吹着玩，孙思邈灵机一动，立刻找来了一根大葱，小心地把葱叶插到病人的尿道里，再对着葱叶吹气，尿就随着葱管流出来了。由此，孙思邈成了世界上第一个使用人工导尿法的人。

到了70岁时，孙思邈把自己几十年的行医经验和搜集来的民间药方，编成了一本书，叫《千金要方》。有人问他，书名中的"千金"是不是说这本书价值千金。孙思邈说，"千金"不是指书，而是指人。从这里可以看出孙思邈对人的一片仁爱之心。孙思邈100岁时，又把后30年搜集的药方编成书，叫做《千金翼方》，作为对前一本书的补充。

孙思邈晚年时已经是医学界声名最显赫的人物，他的《千金要方》也成了经典医学著作，很少有人怀疑里面会有什么错误。但是有一天，一位没有名气的医生来找孙思邈，说自己读了古代医书，又对穴位进行了仔细研究，觉得《千金要方》中人体穴位一共有650个的说法可能不准确。孙思邈决定重新检查人体穴位。有人劝他说，那个医生不过是个无名小卒，不

就医图

必把他的话当真。但孙思邈不这样认为，他说研究医学必须虚心，那个医生的说法有可能是对的。于是他对人体穴位重新进行了一番研究，发现果然是自己错了，人体穴位应该是649个。他特地在《千金翼方》把穴位数纠正了过来。

《千金翼方》问世后的第二年，孙思邈去世了，享年101岁。他高超的医术和崇高的医德赢得了世人的尊敬，人们尊称他为"药王"。

《千金要方》《千金翼方》书影

☆活字印刷的发明者——毕昇

毕昇像

毕昇生卒年不详，他是我国宋代伟大的发明家，活字印刷术的发明者。为人类文明的发展和传播做出了杰出的贡献。

毕昇家里很穷，没钱供他上学。小毕昇非常羡慕那些在学堂里读书的小朋友们，便经常站在学堂窗外偷听先生讲课。学到的字，他都牢牢记在心里。家里没钱买纸、笔和墨，他就在地上写，用树枝当笔；在墙上写，用硬石灰或木炭当笔；在桌子上写，舀一碗水，用手指沾水当笔，天长日久，练得一手好字。

毕昇还爱好雕刻，经常跑到店铺里看匠人们操作。父亲见他用心好学，就在他15岁那年，把他送到杭州万卷堂书坊的印刷作坊里当学徒。

在当学徒的过程中，毕昇发现，在当时，每印一页书，就得刻一块板，如果印一部书，有100页，就得刻100块板；有300页，就得刻300块板。如果在一块板上刻

北宋泥活字版

错一个字，那么整块板就作废了，还得重新刻，十分麻烦，既费时间，又费力气。

为了解决这个问题，毕昇苦思冥想，终于想出了一个办法：将每一个字做成一个小方块，用无数个小方块，排一页书，再将这些小方块用胶或者蜡黏合加热，制成一块版，印完之后，烤一烤，便又可以把每个字分开，重新制版。

有了这个设想，毕昇开始着手刻字了。他先找来一些小方木块，分别刻上字，刻了足够的字以后，排在一块板上，再找一个铁框框起来，用绳子捆紧便可以印刷了。

这次小小的成功使毕昇陷入更深的思考：这只是一个小型试验，字很少，当然是很容易找到所需要的字。如果是大部头的书，文章很长，需要的字很多，那又该怎么办呢？

这个问题让他颇费脑筋。他日思夜

毕昇塑像

北宋泥活字版

想，吃不下，睡不着，终于又想出一个好办法：按字的偏旁部首来排。把同一偏旁部首的字排列在一起，在同一偏旁部首的字里，再按笔画的多少先后排列，这样找起字来就容易了。

这个问题刚被解决，又产生了新的问题：做那些小方块字的材料上哪里找呢？如果用木头，到哪儿去找那么多的小木块呢？用整个的木材做小木块又太浪费了。于是他想起小时候玩的胶泥，用胶泥做字块，不但比较省钱，而且在上面刻字，也比较省力，刻好后，还可以进行烧制。

按这个办法，经过反复多次地试验，新的印刷术终于试制成功了。从那以后，世界上就有了活字印刷术。

这种活字版可以反复使用，而且造价低廉，比刻板印刷术的木板整版雕刻更加经济方便。活字印刷的发明使书籍印刷更为方便，活字印刷术后来被列为我国古代四大发明之一，它的出现，大大促进了社会文化的传播。

☆百科全书式的科学家——沈括

沈括像

沈括生于1031年，卒于1095年，是我国古代著名的科学家。他博学多才、成就显著，精通天文、数学、物理学、化学、地质学，气象学、地理学、农学和医学。他还是卓越的工程师、出色的外交家，曾被英国科学家李约瑟称为中国科学史上最卓越的人物。沈括著有《梦溪笔谈》，此书对后世的科技发展有重要的推进作用，被誉为"中国科技史上的里程碑"。

大家都知道石油是一种重要的能源，但很多人也许不知道"石油"这个名称的来历。"石油"这个词是北宋时期沈括提出来的。沈括在延州做知州的时候，发现一条河里漂着一种黑色的油。当地人只知道它很容易燃烧，可以弄回去生火烧饭，但就是烟太大。沈括按当地人的指点，在河的上游不远的地方，找到了黑油的源头，黑油是从河底的石头缝里流出来的。

沈括收集了一罐黑油，回到家用火一点，黑油立即熊熊燃烧起来。一会儿工夫，屋里到处都是黑烟，等黑油烧完了，沈括用手摸了一下墙上的烟尘，发现它又黑又亮。他想，这东西做成墨一定很不错。他找来墨工，让他们把黑油烧成的烟采集起来，掺上胶水，做成墨锭。墨做好后，沈括用它来写字，果然又黑又亮，一点也不亚于松木烧烟制成的墨。墨油有这么多用途，沈括想给它起个名字，他查了古书后，发现古代有人把它叫做"脂水"。沈括觉得这个名称不太贴切，他想，这东西是从石头缝里流出来的，叫它"石油"不是很好吗？从此，石油这个名称就传开了。

沈括的贡献当然远不止给黑油命名。他在天文、数学、物理、化学、农业、水利、医学等方面都做出了很大贡献。除了进行科学研究，他还参与政治改革，带兵打仗。世界上许多历史学家都认为，沈括

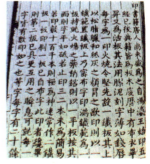

《梦溪笔谈》中记载了毕昇发明的活字印刷术。

是人类历史上少有的杰出人物之一。

沈括的父亲是北宋的官员，先后在很多地方任职，沈括从小跟着父亲走了不少地方。父亲的书房里藏书很多，沈括成天泡在里面，到他14岁时，家里的书已经被他读完了。父亲去世后，沈括做了官，他先后在好几个地方当过县令。33岁时，沈括考中了进士，被调到京城做官。

1070年，王安石进行变法，沈括也参与了变法活动。王安石对他十分赏识，让他主管经济和兵器制造。沈括经常到各地考察，指导当地官府兴修水利。有一年秋天，沈括带着随从在太行山考察，发现山崖上嵌着很多贝壳。大家都很奇怪，这是海里的东西，怎么跑到山上来了呢？随从向沈括请教，沈括一时不知该怎么回答才好，这样的事情他也是头一回见到。沈括拿着一个贝壳思索起来。过了一会儿，沈括说，这个地方在远古的时候是大海。随从们很吃惊，他们觉得这不可能，因为这里离大海还有1000多里地。沈括说，从这里往东的1000多里陆地在古代都是大海。随从还是不信，沈括又说，这些贝壳就是证据，这里原本是大海，但是后来黄河、漳河、桑干河等大河带着大量的泥沙流进大海，泥沙在海边沉积下来，越积越高，最后形成了大片陆地。经他一解释，大家都觉得很有道理。

沈括认为华北平原是由泥沙沉积形成的，这一说法颇有科学依据，他的这一理论比西方早了400年。

测量地磁偏角的仪器复原图

北宋时期，北方的辽国经常侵犯北宋。辽国派大臣肖禧来见宋神宗，要求重新划定边境。宋朝的大臣们和肖禧交涉，但肖禧态度强硬，谈判无法继续下去。宋神宗很着急，如果答应辽国的要求，就会丢失不少国土，不答应又怕辽国出兵进犯。这时候正好沈括从外面考察回来，宋神宗就叫他去和肖禧谈判。

沈括仔细查看了边境的档案之后才去谈判。见了肖禧，沈括命人展开一幅地图，然后对肖禧说，宋辽两国划定的边境在长城一带，可是辽国要争的地方却在长城以内30多里，这是明显的敲诈。沈括坚决不肯让步，肖禧没办法，只好回国了。

为了解决这件事，宋神宗又派沈括出使辽国。辽国宰相杨遵勖设宴招待沈括，双方礼节性地互敬了几杯酒后，杨遵勖说宋辽两国的边境本来就在长城以内30多里的地方，后来是宋国侵占辽国的领土，希望早日重新划定边境，免得两国交兵。沈括要杨遵勖出示宋辽边境在长城内

30里的文字凭据，杨遵勖拿不出文字凭据。于是沈括详细说明了10年前两国签署边境协议的情况，还运用丰富的历史和地理知识论证了长城以内都是大宋的国土。辽国先后派出了很多人和沈括辩论，都被他驳了回去。最后，辽国只好放弃了无理要求。在回国的路上，沈括把沿途所见的辽国的地理、民俗、道路等情况记录下来，作为了解辽国的资料。

王安石变法失败后，沈括也被革了职，而且不准进京。有了空闲时间，沈括就在家里绘制《天下州县图》。皇帝听说了这件事，就让他带上《天下州县图》进京重新做官。沈括不想再做官，到浙江润州的梦溪园定居下来，专心研究学问。

沈括曾居住的浙江润州的梦溪园

沈括的晚年是在梦溪园度过的，他把自己一生的研究成果记录下来，写成了几十部书，享誉世界的百科全书式的科学巨著——《梦溪笔谈》就是其中的一本。这本书涉及到了天文、地理、数学、物理、化学、冶金、水利、建筑、农业、医药等等许多学科，其中的许多成果在当时处于世界领先的地位。

☆成就卓越的元朝科学家——郭守敬

郭守敬像

郭守敬生于1231年，卒于1316年。他从事科学技术事业60多年，不仅在天文学和水利工程方面成绩斐然，而且在地理学、数学等方面也做出了卓著贡献。

郭守敬出生在一个书香家庭。他的祖父是金元之际一位颇有名望的学者，精

通五经，熟知天文历算，擅长水利工程。受祖父的影响，郭守敬从小就喜欢读书，对天文学尤感兴趣，还常常自己动手，制做一些小型天文仪器。

《授时历》书影

日晷

郭守敬的祖父为了让孙儿开阔眼界，曾把郭守敬送到自己的老友刘秉忠门下学习。刘秉忠精通经学和天文学，郭守敬在他那里受到了很大的教益。

1260年，元世祖忽必烈在位期间，郭守敬跟随当时任中书左丞的同乡张文谦上任，帮助他到各地去勘测地形，筹划水利工程。1262年，张文谦将郭守敬推荐给元世祖忽必烈。郭守敬第一次拜见元世祖，就向他提出了六条水利方面的建议。元世祖觉得郭守敬的建议很有道理，当即就任命他为提举，负责各大河渠的修建。此后，郭守敬又被提升为副河渠使、都水少监、都水监、工部郎中等官职。1264年，他还负责修整了西夏（今甘肃、宁夏）黄河一带的古灌溉渠道。

1275年，郭守敬奉命勘察黄淮平原的地形和通航水路，同时建立"水站"（水上交通站），自孟津（今河南省孟津县东南）以东，沿黄河故道，在方圆几百里内进行了地形测绘和水利规划工作，并且画

成地图，一一详细说明。1276年，郭守敬被调到太史局，负责制订新历，开始了我国乃至当时世界天文史上规模空前巨大的天文测量和历法研究工作，使我国天文学成就又登上了一个新的高峰。

同时，他还研制了简仪、仰仪、正方案、圭表等仪表，记录了大量观测结果，并仔细研究了自西汉以来的七十种历法，编制出了一种全新的历法——授时历。从1281年起，授时历开始在全国颁布实行，使用时间长达360年，是中国历史上使用最长的一部历法。

《授时历》编成以后，郭守敬集中精力从事著述，《推步》《立成》《历议拟稿》等天文书稿相继问世，共有10多种，100多卷。这些书籍包括了极其珍贵的两个星表，后来均已失传，因此具体内容无从获悉。《授时历经》《授时历议》和简仪、圭表等几种仪器的构造和使用方法，由于载入《元史》，才得以保存下来。

当时，大都（今北京）城内每年消费

元代漕运船只模型

26

南京紫金山天文台郭守敬简仪模型

的粮食达几百万斤。这些粮食绝大部分是从南方产粮地区征运来的。为了便于运输，从金朝起，在华北平原上利用天然水道和隋唐以来修建的运河建立了一个运输系统。但由于自然条件的关系，它的终点不是大都，而是京东的通州，离京城还有几十里路。这段几十里的路程只有陆路可通，而陆路运输要占用大量的车、马、役夫，一到雨季，泥泞难行，粮车往往陷在泥中，夫役们苦不堪言。因此在金朝时候，统治者就力图开凿一条从通州直达京城的运河，以解决运粮问题。1291年，郭守敬提出包括兴修大都运粮河在内的十一条水利建议。第二年，他以太史令兼领都水监事身份主持此项工作。这条160里长的运河仅用一年半时间就全部完工，取名"通惠河"。南方的运粮船可以一直沿着大运河直达大都。从此，京杭大运河全部贯通。

元成宗以后，元朝政权日益腐朽，统治集团内部矛盾日益加剧，朝政混乱不堪。在这种情况下，郭守敬的事业也受到了极大限制，除了在1298年建造了一架天文仪器——二灵台水浑仪之外，没有别的重大创制和显著表现。

1316年，郭守敬逝世，享年86岁。

河南登封元代观星台遗址

郭守敬主持修建。现存台身及石圭为元代旧物，台顶小屋及亭是明代所加。观景台平面呈正方形，边长16米余。台北正中地面平铺一道石梁，此即石圭，俗称量天尺。根据日影在石圭上的长短变化，人们可以精确地划分出春分、秋分、冬至、夏至以及四季。据实地测验，采用针孔成像法以横梁在石圭上的投影来确定日影长，可准确到正负0.2厘米，相当于太阳顶距误差1/3角分，比晚于此台300年的西方最精密的天文观测还要精确。

27

☆纺织技术革新家——黄道婆

黄道婆像

黄道婆生于约1245年，是元代棉纺织革新家，有着"衣被天下"的美誉。她对棉纺织技术的改革，对当时及后世植棉和纺织技术的发展产生重要影响。

"黄婆婆，黄婆婆，教我纱，教我布，二只筒子，两匹布。"这是在上海地区流传很广的一首民谣。民谣中歌颂的"黄婆婆"就是我国历史上著名的改革纺织技术的黄道婆。

黄道婆出生在南宋末年那个多灾多难的时代，是上海县华泾镇人。黄道婆出身贫苦，生活贫寒，经常衣不遮体，食不果腹。自幼就被卖给人家当童养媳，在婆家也是吃不饱，穿不暖，挨打受气。

有一天，从松江乌泥泾附近的码头上跑来一个十二三岁的小姑娘。她风尘仆仆，一副惊恐的神情，好像怕被别人发现，一头扎进了一条木篷船里。船里的沈家大爹一大早刚刚起来，正在厨房准备早餐，突然发现一个诚惶诚恐、战战兢兢的小姑娘，沈大爹吓了一大跳。

沈大爹仔细一问，原来这个小姑娘叫黄阿妹，是乌泥泾一个黄姓人家的童养媳。她白天下地干活，晚上织布。当时，还没有轧花机，小姑娘要把棉花的棉籽一粒一粒地剥出来，手指常常被刺破。她从早忙到晚，却经常吃不上饭。这次跑出来，就是因为她没有完成规定的任务，被公婆和丈夫狠狠地打了一顿。为了活命，她跑了出来。

小姑娘跪着不肯起来："大爹，让我跟你们走吧，我什么都会做，会做饭，会洗衣服，还会纺线织布，只要给我一口饭吃就行！"沈大爹看着可怜兮兮的小姑娘，心软了。天亮了，木篷船起航了，黄阿妹紧张的心情才放松下来。可是沈大爹并不是船主。这是一条商船，沈大爹只是一个厨师。第二天，船主发现了黄阿妹。看在沈大爹的面子上，再加上黄阿妹非常勤快，不停地在干活，船主没有赶她走。

脚踏纺织机复原图

纺织图

木篷船在海上航行了40多天，最后到达了广东海南岛一个叫崖州的地方。船主把货物卖出去，又装上粮食、蔬菜和南方的土特产。一切准备停当，商船就要返航了。黄阿妹听说要返航的消息，急得连饭都吃不下，她不想回乌泥泾，但是在崖州又没有什么可落脚的地方。后来，沈大爹决定把黄阿妹托付给一个可靠的黎族人家。黄阿妹同意后，沈大爹就把她送到了一户黎族婆婆的家里。

沈大爹走后，黄阿妹就和黎家婆婆学起了纺线织布。可是她发现，这里的纺织方法和家乡的大不一样：棉籽不是用手剥，而是用铁杖碾，纺车是用脚踏的，一次可以纺出3根线。黄阿妹在家乡学的一切都不能用了，只好从头学起。她白天学，晚上练，非常刻苦，一心要把这里的纺织技术尽快地学到手。

在家乡乌泥泾，织布机只能织白布，没有什么花样。而这里，织布机既能套色，又能提花，技术很复杂。黎家婆婆是个纺纱织布的能手，人又善良，待人和气。黄阿妹庆幸遇上了这样一个心地善良又有技术的好老师。她对黎家阿婆也非常好，就像待自己的亲娘一般，她们二人感情深厚，亲如一家。黄阿妹从来也没有想过要回乌泥泾，当这海南就是她的家乡一样。

日月如梭，一晃，37年过去了。黄阿妹来的时候是个只有13岁的小姑娘，转眼间，却已经是个50岁的老婆婆了。她吃苦耐劳，心地善良，热情助人，无论谁有困难，她都慷慨解囊。因此人缘好、口碑也好，当地人都喜欢她，人们都称她为"黄道婆"。

海南黄道婆塔

松江布

松江布在明朝后期已名闻天下，这与黄道婆对纺织技术的改革有着不可分割的联系。

不久，黄道婆回到阔别已久的家乡，在黎族人民棉织技术的基础上，制造了新的"捍弹纺织"的棉织工具，创制了一种搅剥棉籽用的车，从而大大地提高了当地的生产效率。她还研究了"错纱配色"技术和增强棉花弹力、去除杂质的技术，并把黎族人民织提花被的技术传给人们，使得当地的纺织工艺水平有了质的飞跃。

从此以后，原本生产落后的松江变成了先进的棉纺织中心。黄道婆对我国纺织工业的发展做出了巨大的贡献。

☆一生心血修本草——李时珍

李时珍像

李时珍生于1518年，卒于1593年，是我国明朝时期卓越的药物学家，也是当时世界上最伟大的科学家之一。

李时珍出生在中医世家，祖籍蕲州(今湖北蕲春)瓦硝坝，父亲李言闻是当地有名的中医。左邻右舍一有不舒服，就去找李言闻看病，每次都是药到病除。李言闻在自家的后院种植了很多种草药，除了给人看病以外，李言闻就侍弄那些草药。

李时珍从懂事起，就对帮助爹爹给中草药松土、锄草很感兴趣。他每次来到这个小药园，总是问这问那："父亲，这是啥花呀？"父亲会耐心地回答："这叫单叶红牡丹，它的根和皮都能入药。"于是小时珍就会接着问："那这药能治什么病啊？"父亲告诉他："这药能治风寒，能止疼痛，肠胃炽热、心气不足也能治。"小时珍还会刨根问底："啥叫心气不足啊？"他缠住父亲不放，父亲只好把一些具有药用价值的花、草的名字、药性、用途一一讲给他听。今天讲几样，明天讲几样，日子一天一天地过去，后院小园子里的花啊草的，也就基本上讲完了。

随着时间的流逝，小时珍一天天地长大，他8岁了。后院小药园的每种草药他都记得很熟。他不满足于后院的草药，父亲只好带着他上山采药。山上的学问可

《本草纲目》药物图谱

30

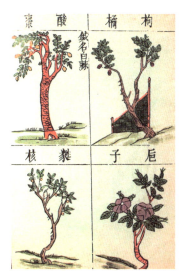

《本草纲目》记载了各种药物的药性。

是大得很,漫山遍野到处都是野生的药材,还有天上飞的昆虫、地上跑的野兽,这可使小时珍大开了眼界。他看到父亲采草药时,每次采了,都要放在嘴里嚼一嚼,尝一尝,就好奇地问:"父亲,你为什么采了草药,都要放到嘴里尝一尝呢?"父亲说:"放到嘴里嚼一嚼,尝一尝,就知道是什么味道。我们的祖先们,采草药都是这样的。只有用嘴品尝才能知道药力、药味和疗效。我们的先人们就是这样亲自品尝以后才写出《本草经》,等你长大后,你可以好好地读一读《本草经》这本书!"

在山上,他们总是一边走,一边看,一边讲,碰到什么,就讲什么。有一次,他们看到一条蛇,吓得小时珍直叫。父亲一把抱住他,告诉他:"这叫蕲蛇,是极毒的,人一旦被它咬到,抢救慢了,就要丧命。但是蛇胆、毒液和它的皮都是治病的良药呢!"小时珍追根究底:"人如果被这蛇咬了可怎么办呀?"只见父亲低头找呀找,忽然眼睛一亮,他采了几棵小草,对小时珍说:"你看,这是半边莲,这是鬼针草,这是天南星草,这几种草药都是能治蛇伤的。"

每一次,父亲讲解以后,小时珍都牢牢地记在心里。他的记性特别好,每隔一段时间,父亲再问他以前讲过的草药知识,他都能一字不差地回答出来。时间久了,李时珍在父亲的指点下,已经能辨别各种药草、动物,并说出它们的药用价值了。

李时珍在医疗实践中,对历代医药书籍,如《神农本草经》《本草经集注》《唐本草》《开宝本草》等进行了广泛阅读研究。他发现旧"本草"非但不完善,甚至有很多错误,便立志要把旧的药书加以整理补充,写出一部分类更加详细的药物学著作。但他心中十分清楚,在前人的基础上有所突破和发展并非易事。为此,李时珍阅读了历代药书300多家,还研究了大

李时珍塑像

量古医书引用过的古书共591家。只要和"本草"有关的，都进行研究。光是摘录下来的笔记，就装满了好几个柜子。

从1552年起，李时珍开始写《本草纲目》，到1578年完成，共经历了27年时间。在这段时间内，李时珍可以说"行万里路，读万卷书"，呕心沥血，历尽千辛万苦，终成巨著，个中滋味，可想而知。

为了采集发现新的药物，艰苦的野外科学考察是少不了的。李时珍从1565年以后，就多次走向大自然，先后到过湖广、江西、江苏、安徽等省以及武当山、茅山、牛首山、龙峰山等产药丰富的山区，披荆斩棘，攀悬崖，临绝壁，采集了许多标本，通过实地考证纠正了书上很多的错误。

艰苦研究了27年，黑发人变白发人，李时珍的青春刻在了《本草纲目》上。

《本草纲目》共52卷，190多万字。全

李时珍采药图

神农尝药辨性

神农是中国草药学的鼻祖，他走遍千山，辨药尝性，无所畏惧，为后人留下了宝贵的财富。李时珍正是在这些先驱的基础上，取得了卓越的成就。

书把药分做16部62类，收载药物1893种。此外，载入药方11096个，并附有动植物插图1110幅。这部书的规模之宏大，内容之丰富，涉及范围之广博，是古代任何一部"本草"书所望尘莫及的。

《本草纲目》刊行后，立即受到人们的欢迎，风靡全国，人人争相传阅。随着中外文化的交流，《本草纲目》深受世界各国的重视。西方人称之为东方医学巨著。李时珍为中国及世界文明所做的贡献，同《本草纲目》一起永远载入了史册。

1593年初秋，李时珍逝世，葬于蕲州雨湖南岸的蟹子地，与父亲李言闻的墓相倚。

☆中西结合的科学大师——徐光启

徐光启像

徐光启生于1562年，卒于1633年。徐光启是明代伟大的科学家，在数学、农学、天文学等方面均有建树，他为推动中国科学的发展而奋斗终生，是把欧洲的自然科学介绍到中国的第一人。

徐光启，字子先，号玄扈，出生于一个破落商人家庭。父亲徐思诚先以经商为业，后因倭患、盗贼劫掠，转而务农，靠栽种蔬菜、棉花过活；祖母尹氏、母亲钱氏，均善于纺纱、织布，徐光启的成长受她们影响很大。生长在这样的家庭环境中，徐光启自幼就热爱农业劳动，同时致力于《四书》《五经》的学习。1581年，19岁的徐光启于金山卫考中秀才。第二年春天，他被村学聘为教师，此后经历了23年的教学生涯，在教学之余，他精心钻研《齐民要术》《农桑辑要》《便民图纂》等农书，并且在家乡试种大头菜，还获得了成功。

1596年，徐光启被赵凤宇聘请到韶州（今广东韶关市）当家庭教师。在那里，他认识了意大利传教士郭居静，第一次接触到了闻所未闻的西方文明，引起了他对世界发展大势的关注。1600年，徐光启在南京见到著名传教士利玛窦，在交谈中徐光启更开阔了眼界，对世界科学发展有了新的认识。与郭居静、利玛窦的结识，对徐光启的一生都产生了重大的影响。他后来回忆说："余生财赋之地，感慨人穷，且少小游学，经行万里，随事咨询，颇有本末。"史书亦说他重视实际，常常"考古证今，广咨博讯，遇一人辄问，至一地辄问，问则随问随笔，一事一物，必讲究精研，不穷其极不已"。徐光启就是这样，从实际调查和亲身体验中不断地丰富自己的科学知识。

1604年，徐光启在北京跟意大利传教士利玛窦学习西方的天文、数学、测量、水利等科学知识。徐光启认为这些知识对中国很有用处，应当把它引进中国。他同利玛窦商量，决定先翻译欧洲最著名的一

《农政全书》书影

部数学著作——欧几里得著的《几何原本》，由利玛窦口述，他记录整理。几何学主要运用逻辑推理，对徐光启来说，是一门全新的学问，要把它翻译过来，工作是极其艰巨的。为了翻译得尽量准确，徐光启付出了艰苦的劳动。我们现在使用的"几何"这个词，就是徐光启根据英语的音和义，斟酌了汉语的词汇，反复推敲出来的。花了一年多工夫，徐光启译完了《几何原本》的前6卷。后因利玛窦病逝，后9卷的翻译工作没有能够完成。

除了数学方面，徐光启还翻译了许多关于测量、水利等方面的著作。地圆说和经纬度的概念，也是徐光启译著出版后，才在我国普及的。徐光启对西方自然科学的介绍，大大开阔了人们的眼界，为我国近代科学技术的发展开辟了新的途径，所以有人称徐光启是我国近代科学的

位于上海南丹公园的徐光启雕像

北京利玛窦墓

徐光启和意大利传教士利玛窦是至交，他们曾共同翻译了欧几里得的《几何原本》。

启蒙大师。

崇祯二年（1629）5月5日发生了一次日食，钦天监依照当时的历法推算，预报的时刻跟实际不相符合，而徐光启运用西法推算，结果跟实际非常接近。朝廷于是成立了西法历局，由徐光启主持修订历法。徐光启一方面研究我国古代的历法，一方面进一步学习西方科学，并且同罗马、德、奥等国著名的大学联系，吸取当时欧洲的最新科学知识。他又引进欧洲的时辰钟和伽利略发明的望远镜，对天象进行精密观测，绘制了一幅《全天球恒星图》。可以说，徐光启在天文方面的研究，已经接近当时世界先进水平。

徐光启深深知道，发展农业生产多么需要一部好的历法，因此他夜以继日地工作，在病中还坚持修改草稿。经过3年的辛勤劳动，他终于编成了《新历法书》

74卷。徐光启根据这部新历书预测日食，其误差已减至半刻钟以内，精密程度已经和当时欧洲的预测程度不相上下。我国沿用到现在的农历，就是在《新历法书》的基础上编成的。

徐光启对农业科学也进行了大量的深入的研究，他对农业科学的贡献，集中表现在他晚年写成的一部农业科学方面的著作——《农政全书》里。徐光启63岁才动手写这部书，经过4年的努力，完成了初稿。这部书共有60卷，50多万字，分为农本、田制、农事、水利、农器、树艺、蚕桑、蚕桑厂、种植、牧养、制造、荒政等12章。由于内容广泛和丰富，有人把它称为农业百科全书。

徐光启在编写《农政全书》的时候，既不厚古薄今，也不重外轻中；既重视民族遗产，又不排斥外来经验。可以说，《农政全书》是徐光启把中国历代农书的精华、

明代科技受西方的影响较大。图为《崇祯历书》中的望远镜模型

广大劳动人民的生产经验、欧洲的先进科学知识以及自己长期研究的成果融合起来的一部农业科学巨著。300年来，《农政全书》不但在国内一再印行，而且还传到国外，获得好评。直到今天，这部书对我国农业生产的发展仍有积极的参考价值。

☆中国铁路之父——詹天佑

詹天佑像

詹天佑生于1861年，卒于1919年，是中国最早的杰出的铁路工程师，他的主要贡献在铁路建设上。1905年～1909年，詹天佑主持修建了中国铁路史上我国自主修建的第一条铁路——京张铁路。

詹天佑出生于广东南海一个没落的茶商家里。8岁时，詹天佑进入一所私塾读书。他天资聪明，学习刻苦，又喜欢看课外书，尤其喜欢读一些与工程有关的画报。看完书后，他还照着书上或画报上的图片，用胶泥捏火车、机器等，捏得还

很像样子呢！

有一天，他独自看着闹钟，愣愣地看好半天。父亲问他："你怎么老愣着看闹钟啊？"他却反问父亲："这闹钟怎么会走的呢？为什么铃声会按时间响呢？"他问得父亲张口结舌，回答不出来。这些问题一直是猜不透的谜，在詹天佑的小脑瓜里萦绕着。为了揭开这个谜，他趁大人不在，偷偷把闹钟拆开了，琢磨了好一阵子，然后又照原样安装好，终于弄清了闹钟的构造，知道了它为什么会走。

从此，詹天佑更加喜欢机器了。平时他特别留意一些小东西，比如小齿轮、小铁丝、小钉子，一有空就喜欢自己闷头摆弄。

1870年，传来了一个好消息：清政府为了培养人才，决定送30名聪慧好学的少年到美国求学。当时詹天佑才11岁，经过选拔和考试，詹天佑名列前茅，被录取为第一批出国留学的预备生。

1872年清政府派遣的第一批赴美幼童留学生，詹天佑就是其中成员之一。

12岁的詹天佑，坐着火车到上海，然后又换乘轮船去美国留学。他一点也不胆怯，因为在他的心里装着发奋学习、振兴祖国的雄心大志。

就这样，小詹天佑开始了异国他乡的磨炼生涯，没有亲人的呵护，只有自己独立自强。克服了孤独与彷徨之后，詹天佑发奋读书，于1875年考入丘房高级中学，当1878年毕业时，他的成绩名列全班之首和全校第二，成为了幼童留学生中的翘楚。

1878年7月，詹天佑考入著名的耶鲁大学雪菲尔理工学院，专攻土木工程。1881年，詹天佑以优异的成绩获得了学士学位，这是全部幼童留学生中获得学位的仅有的两人之一。同年8月，詹天佑归国，开始了他的科学报国之路。

詹天佑回国后，并没有马上投入到祖国的铁路建设上去，而是被派到福州船政局学习驾驶。1882年詹天佑以第一名的成绩毕业，11月被分到了"扬武"号兵舰上实习。1884年6月，法国军舰侵犯福建沿海地区，8月，中法马江海战，福建海军几乎全军覆没。

据英国人在上海办的《字林西报》说，这次海战，詹天佑也参加了。他当时在"扬武"号军舰上，沉着还击，直到"扬武"号被击沉，才跳下水去，还救起了多人。其英勇的斗志，果敢的表现，连法国人都惊讶不已。

1887年，中国铁路公司在天津成立，

詹天佑被聘为工程师。他第一次参加修建的铁路是塘沽到天津的铁路。在修建过程中，詹天佑初步显示了他非凡的才能，只用80天时间就指挥完成了铺筑工程。

1890年，中国关内外铁路总局计划把关内铁路延到关外的沈阳和吉林。当铁路铺至滦河时，由于河深水急，美、日、德三国的工程师在给桥打桩时都失败了。英国总工程师只好把詹天佑找来试试。詹天佑经过认真探测和调查，利用压气沉箱法克服流动层厚的困难，按期完成了滦河铁路桥的全部工程。他的成功，使那些自命清高的外国工程师惊奇万分，詹天佑为中国人长了志气。1894年，英国土木工程师学会选举他为会员，他是该学会的第一

詹天佑雕像(八达岭)

位中国会员。

1902年10月到1903年2月，詹天佑负责建成京汉铁路高碑店至易县梁各庄长45千米的西陵支线，这是第一条完全由中国人主持修建的铁路。

1905年到1909年，詹天佑成功主持修建了中国铁道史上第一条独自设计施工的重要铁路——京张铁路。京张铁路总长虽不过200千米，但沿途横跨崇山峻岭，工程极其艰巨。当时国内外冷嘲热讽四起："能修出这条铁路的中国工程师还没出世呢！""中国人想不靠外国人自己修铁路，就算不是梦想，至少也得50年！"詹天佑用创造性的劳动给予迎头回击。对厚厚的岩层，詹天佑在中国第一次使用了炸药爆破开山法。在开凿号称"天险"的八达岭隧道工程中，他精心设计出从两端向中间同时开凿和中距离凿进的方法。为使列车安全地爬上八达岭，他创造性地运用折返线原理，在山多坡陡的青龙桥地段，顺着山势设计出一段"人"字形线路，缩小了坡度。詹天佑克服了重重困难，终于提前两年完工，还节省了28.8万余两银子。

1909年，京张铁路正式通车。当天有上万名的中外嘉宾到场参加典礼。在众人的欢呼声中，詹天佑发表了演说，诉说工程的艰难，高度评价铁路工人的贡献。

京张铁路的建成，不仅为詹天佑在世界上赢得了声誉，更重要的是为整个中国工程技术界在世界上取得了地位。当时，有人把京张铁路与万里长城并列为中

国伟大的工程。

从1887年到1919年，詹天佑主持修建了津塘、京张、西陵支线、潮汕、沪宁、川汉、粤汉、萍醴、道清等铁路工程，足迹遍布长城内外，大江南北。

1919年，詹天佑因积劳成疾不幸病逝。中国工程师学会在青龙桥建立了他的铜像，以纪念这位杰出的爱国铁路工程师。

☆中国气象之父——竺可桢

竺可桢像

竺可桢生于1890年，卒于1974年，是我国气象学家。竺可桢领导建立了40多个气象台和100多个雨量观察站，彻底打破了外国对我国气象事业的垄断。

竺可桢是浙江绍兴人，他的父亲在家乡的小镇上开了一家杂货店，用来维持生计。竺可桢从小就很聪明好学，他两三岁的时候，就缠着父亲教他学识字，到4岁的时候，竺可桢就可以认识2000多个字了，大街上店铺招牌上的字很少有不认识的，这让家里人感到很高兴。

在竺可桢6岁的时候，父亲为他请了章镜尘先生做他的私塾老师，这位先生学识渊博，在当地很有名望。他很喜欢勤奋好学的竺可桢，对他的要求也很严格。在

他的精心教导下，竺可桢养成了刻苦努力的好习惯，这种勤奋学习的习惯，让他一生受益匪浅。章先生除了教他做文写字，更是着重教他做人的道理。有一次，先生看了竺可桢写的一篇古文后摸着山羊胡子说："我对你写的文章很满意，但是仅有古诗文知识是不够的，你以后要多学一些新的知识。现在我们的国家多灾多难，经常受到外国的欺凌，只有新文化才能救中国，祖国的未来就在你们的身上了。"

先生的教导，在竺可桢幼小的心灵里埋下了报国的火种。1905年他小学毕业后，父亲因为经济困难想让他终止学业。竺可桢却坚持要上学，最后在章先生的帮助下，父亲终于同意了孩子的要求。他借了钱送竺可桢到上海读书。在选择未来人生的道路上，竺可桢是很慎重的。刚到上海时他就读于上海澄衷学堂，在那里竺可桢学习刻苦，因为成绩优秀而被选为学校的学生代表。但他很快发现校方经常变法子骗学生。于是竺可桢与校长发生了争执。

这次争执的结果是竺可桢被取消了学籍。这件事让刚刚踏入社会的竺可桢成

熟了许多。后来竺可桢又转到复旦公学，在那里虽然他的成绩很好，但是他发现这里所学的知识无法实现他报效祖国的理想。于是，为了不浪费时间，他决定再次转学。最后他选择了唐山路矿学校，他认为这所学校所教的课程具有实际意义。在这里竺可桢学的非常认真，他五次考试，全是名列第一。

在唐山路矿学堂，竺可桢接触到了大量新鲜的科学知识，这让他感到十分高兴。但是另一方面，由于这所学校的许多教师是英国人，他们不认识汉字，于是就给学生取了英文名字，后来他们干脆就给学生们编号，竺可桢在这里感受到洋人对中国人的歧视，这更坚定了他报效祖国的

竺可桢在阅读史料

信心。竺可桢深深地认识到，只有掌握了科学知识，国家才能强大起来，才能彻底摆脱帝国主义的压迫。他忍气吞声，在这所学校里坚持下来。正是从这里开始，他接受了科学救国论的思想，并坚定地走上了科学家和爱国者的道路。

为了进一步掌握先进的科学知识，1910年，竺可桢通过了公费留学考试，开始了8年的留美生涯。他在美国学习农业和气象，并获得了博士学位。1919年，竺可桢怀着报效祖国的宏图大志从美国回来，就职于南京高等师范学校，在那里他培养了我国第一代气象学家和地理学家。

竺可桢回国时中国连一个气象台都没有，在他的苦心经营下，全国先后建立了40多个气象台和100多个雨量观察站，彻底打破了帝国主义对我国气象事业的垄断，为我国的气象事业的进一步发展奠定了基础。

竺可桢塑像

☆ 蜚声国际的数学大师——华罗庚

华罗庚像

华罗庚生于1910年11月12日，卒于1985年，是中国著名数学家，著有《堆垒素数论》，创造了"优选法"和"统筹法"。

华罗庚出生于江苏省金坛县一个小商人家庭。他幼时反应并不敏捷，村镇上有人叫他"呆罗罗"。华罗庚6岁时上了本镇的小学，12岁入县立初中。初二前数学成绩并不出色，还得过"不合格"。他成名后，有人问起这事，他坦诚地作了自我批评："我小时候是很贪玩的，常常逃学去看社戏。"逃学的主要原因是他小时候的爱好不在数学而在国文。

这一天，老师出了一道作文题——《周公诛管蔡论》。题目中说的是周朝初期曾经发生的故事：周武王因病去世，儿子姬诵继承王位(史称成王)，这位小国王年仅13岁，这样就由武王的弟弟周公旦摄理政事。武王的另外两个弟弟管叔鲜、蔡叔度心里很不服气，就伙同武庚等一起造反，结果失败了，被周公处死。

就这样的历史故事命题作文，一般人的写法都是顺着历史既定的说法，赞扬周公旦平乱有功。但华罗庚没这样做"顺水文章"，却说了周公旦的"坏话"。这下可把老师惹火了，责骂他"污蔑圣人"。面对这样的历史成见和武断专横的批评，华罗庚心里很是不服，于是就跟老师讨论：倘若老师只许赞颂周公旦，那题目就应当叫做《周公诛管蔡颂》。既然是"论"，那就应允许学生自由"议论"，允许有不同写法、不同说法。华罗庚说得入情入理。老师沉默了，深深地记住了这位学生。

数学成绩不好引起华罗庚的警觉，他暗下决心，一定要赶上去。于是，一有空他就抱着数学课本看，寻找数学题来做，渐渐地他对数学产生了兴趣。

有一天，数学老师李月波把课讲完，亮出了一道趣味题让大家去做。题目是："今有物不知其数，三三数之剩二，五五数之剩三，七七数之剩二，问物几何？"当其他同学还在冥思苦想时，华罗庚却很快举手回答："23！"李老师颇为惊讶，走

华罗庚与数学竞赛获奖者在一起

过来询问:"你看过《孙子算经》?"华罗庚回答说:"没有,也没听说过这本书。"原来这道题出自《孙子算经》,它是中国的"剩余定理",传到西方后被称做"孙子定理"。老师又问:"是你自己算的,那你说说,你是怎么算出来的?"华罗庚不紧不慢地陈述了他的思考演算过程:"我是这样想的:这个数三三数之余二,七七数之也余二,这道题的答案可能就是3乘以7再加2,我又一算,23用5除之正好余3,所以23就是所求的数了!"老师兴奋地告诉同学们:"华罗庚同学的答案是正确的,演算的思路也是完全正确的。"从此,全班同学对华罗庚刮目相看了。

华罗庚的数学智慧让老师大为惊喜。老师的鼓励又使得华罗庚兴趣大增,在数学上加倍用功,于是,数学成绩突飞猛进。

1925年华罗庚中学毕业后,进了上海中华职业学校,为的是能谋个会计之类的职业养家糊口。后来由于交不起学费,华罗庚没有毕业就失学了。华罗庚对数学非常感兴趣,靠着几本旧的几何书,一边帮着父亲整理杂货店,一边顽强地自学数学知识。有时看书入了迷,竟忘了接待顾客,甚至把算题的结果当做顾客应付的货款,使顾客吓一跳。因为经常发生类似莫名其妙的事情,时间长了,邻居们就给他起了个绰号,叫"罗呆子"。父亲又气又急,说他念"天书"念呆了,要强行把书烧掉。争执发生时,华罗庚总是死死地抱着书不放。

华罗庚与他的学生在一起

1929年,金坛县发生瘟疫,华罗庚染上了可怕的伤寒病,持续高烧昏迷不醒。在家人的精心照料下,他总算活过来了。但是,由于缺乏医学常识,在卧床期间没有经常翻身,华罗庚的左腿关节变形,留下了残疾。后来华罗庚走路是左腿先划一个大圆圈,右腿再跨一小步,行走十分吃力。面对这一不幸,华罗庚却十分乐观,还幽默地戏称自己这种奇特而费力的步履为"圆周与切线的运动"。他顽强地与命运抗争,激励自己:"我要用健全的头脑,代替不健全的双腿!"

19岁那年,华罗庚凭着自学的数学功力发现一位大学教授的论文有错误,便写出了著名的论文《苏家驹之代数的五次方程式解法不能成立之理由》。这篇论文很快在上海出版的《科学》杂志第15卷第2期上刊登了。清华大学数学系主任熊庆来教授看到这篇论文后如获至宝,立即四处询问作者的身世经历,要人写信邀他来清华大学数学系。1932年秋天,当华罗庚一瘸一拐地走出北京前门火车站时，来接他的人愣住了，没想到这位22岁的青年，不仅出身卑微，而且身体残疾！尽管如此，他还是在熊庆来教授的关照下当上了数学系的助理员。此后，华罗庚如鱼得水，在数学的王国里自由地起飞了。在清华大学的4年中，他一面工作，一面学习、旁听，一年半之后，就攻下了数学系的全部课程，还自学了英、德、法文。24岁时，华罗庚已能用英文撰写数学论文，25岁时，他已成为蜚声国际的青年学者。1936年，他被保送到英国剑桥大学进修，先后在美、日等国数学杂志上发表了十几篇有关数论方面的论文，引起国际数学界的赞赏。

1950年，华罗庚执教于清华大学数学系。1951年，他被任命为中国科学院数学研究所所长。华罗庚开始了数学研究的真正黄金时期。他白天拄着拐杖到学校讲课，晚上则以案板当书桌，在灯下常常研究到深夜。为了求证一个问题，他时常深夜从床上爬起，拿起床头的报纸，在四周空白处进行演算、论证。他的屋子里，桌上、床上、地上，到处堆满了演算稿纸。

1956年，华罗庚的重要论文《典型域上的多元复变函数论》荣获中科院第一批科学奖金一等奖。随后，他的《数论导引》问世。这部倾注了他多年心血的巨著，引起国内外数学界的强烈震动。他和万哲先合著的《典型群》一书，在国内外引起更大的反响，国外数学家再次为这位中国数学家惊叹不已。

华罗庚在从事研究

在经济困难时期，华罗庚思考以数学知识为国民经济做贡献。他筛选出以改进工艺问题的数学方法为内容的"优选法"和以处理生产组织管理问题为内容的"统筹法"。1964年，华罗庚给毛泽东写信，建议在生产实践中推广两法以提高管理水平和效率，毛泽东回信称赞他的想法"壮志凌云，可喜可贺"。受此巨大鼓舞，华罗庚开始将他的主要精力放在数学方法和工业的普及应用上。近20年的时间里，他的足迹遍布中国20多个省、市、自治区，深入到工厂、矿山，用深入浅出的语言向工人和农民介绍优选法和统筹法，行程10万多公里。他使数学直接为国家创造了巨大的财富。华罗庚是中国最早把数学理论研究和生产实践紧密结合，并做出巨大贡献的科学家。

1984年，华罗庚以全票当选为美国科学院外籍院士。

☆中国航天之父——钱学森

钱学森像

钱学森生于1911年12月，卒于2009年10月，是享誉海内外的杰出科学家。钱学森被誉为"中国航天之父"、"中国导弹之父"、"火箭之王"、"中国自动化控制之父"。

钱学森出生于上海一个知识分子家庭。小学森不仅模样可爱，而且性格讨人喜欢，尤其是那非凡的记忆力和超常的聪灵劲儿，让人惊讶得难以置信。他2岁不到就能识字，3岁时就能朗朗地背诵唐诗宋词，还学会了加减乘除四则运算。

钱学森的母亲章兰娟是大家闺秀，容貌美丽清秀，性格开朗热情，心地善良，智慧过人，能记善算，精于手工。小学森3岁那年，国民临时政府教育部迁至北京，在教育部任职的父亲随之举家北迁。钱家三口居住在普通的居民胡同里。精于园艺的母亲在四合院里栽上花木，每天，当父亲出门后，母子俩就一起读书写字、唱歌赏花，幽静的小院里，不时地传出琅琅读书声和阵阵歌声笑语。

6岁的时候，小学森欢欢喜喜地背起书包，走进了北京师范大学附属小学。在母亲的教育下，小学森早就养成了良好的学习习惯，他学习十分自觉，用不着母亲督促，更无需父亲检查，按时作息，勤奋读书，语文、算术双优，书法、绘画、音乐也相当出色。在班里，他年龄最小，可成绩总是名列前茅。

孩子有孩子的乐趣和追求，他们天真烂漫、活泼好动的天性应当适当引导。从事教育工作的父亲心里明白，在教育孩子方面，帮其学，不如导其趣，励其志。所以，一得空闲，他就主动带着儿子出门，观赏名胜，还一起到球场跑步打球，在游戏中观察孩子的人生志趣和思维方式。他特别重视利用古今中外的科技发明故事来开发儿子的智力，这些有趣的科学知识激起了小学森极大的好奇心，使他从小就对科学产生了浓厚的兴趣。

钱学森在工作

钱学森携家眷回国时的照片

香山枫叶红了一年又一年，燕山大雪下了一年又一年。1923年的秋天，天高气爽，12岁的钱学森跨进了北师大附中的大门。这所学校的校风良好，老师们的教学观念开放，教学方法先进灵活，不搞满堂灌，不搞题海战术，学生们学得轻松愉快。少年钱学森在这里整整度过了6年，附中给他留下了极其美好的印象。他后来回忆起这段经历时说："我们在附中读书时，思想上没有压力。我们没有受苦，没有人为考试而'开夜车'，更没有人死背书本。我们看了很多书，但从不死读书，而是真正理解书。考试一般都能得70多分，拔尖同学得80多分。我那个班上，考试不及格的只有一个同学。那是由于他家庭父母不和，他思想很苦闷，没有心思读书。""中学6年，这是我一辈子忘不了的6年。"

1929年夏，钱学森考入了他仰慕已久的上海交通大学。

1934年，钱学森从上海交大毕业，赴美国留学。第二年，他就读于麻省理工学院航天系，一年就获得了硕士学位。

1936年，钱学森进入加州理工学院，师从世界力学大师冯·卡门。3年后他获得航空、数学博士学位并留校任教，从事应用力学和火箭导弹研究。其间，在应用力学领域，他与冯·卡门合作对飞机金属薄壳结构非线性理论进行的研究，解决了薄壳结构理论的重大难题。在空气动力学领域，他对发展高速航空器相关的空气流动理论做出重要贡献。他还是物理力学这一学科的创始者，在1946年首先将稀薄气体的化学、物理和力学特性结合起来进行研究。到1949年，钱学森已成为世界公认的物理学界权威之一。

钱学森在美国奋斗12年，功成名就，声誉远播，但丰厚的生活待遇，优越的科

1959年钱学森视察安徽师大

钱学森与家人和朋友在一起

研条件并没有留住他的心。新中国成立后，钱学森决定回国，其实，早在交大读书时，他就与同学戴中孚说过："现在中国政局混乱，我要到美国学技术，学成之后一定回来为祖国效力。"

为了回归祖国，钱学森受到了美国当局整整5年的无理迫害。

5年变相的软禁生活虽然漫长，但对有着坚强意志和非凡毅力的钱学森来说已不算什么，他们夫妇俩顽强地熬过来了。

美国海军部次长金布尔曾气急败坏地说："钱学森知道得太多了，无论走到哪里，都抵得上五个师！无论如何不能让他走！"他竟丧心病狂地叫嚷："我宁可把这家伙枪毙了，也绝不让他离开美国！"钱学森对此却一无所知。经过钱学森的长期抗争和中国政府高层领导的积极争取，美国当局不得不批准了钱学森的回国申请。

1955年10月8日上午，钱学森终于踏上了罗湖桥头，回到了祖国的怀抱。

1955年初冬，刚刚冲破美国当局阻挠回到祖国的钱学森，来到哈尔滨军事工程学院参观。院长陈赓大将问他："中国人能不能搞导弹？"钱学森说："外国人能干的，中国人为什么不能干？难道中国人比外国人矮一截？"

这一句话，决定了钱学森从事火箭、导弹和航天事业的生涯。

1956年2月7日，钱学森怀着对新中国国防事业的强烈责任感，在周恩来总理的鼓励下，向国务院提交了一份具有历史意义的意见书，提出了我国发展火箭、导弹和航空航天技术的组织草案、发展计划与具体步骤，受到毛泽东主席和党中央的高度重视。国家迅速成立了导弹航空科学的研究领导机构——航空工业委员会，并委以钱学森重任，钱学森受命组建中国第一个火箭、导弹研究所——国防部第五研究院并担任首任院长。从此钱学森紧张热烈地开始了中国火箭、导弹和航空航天事

北京航空航天大学钱学森塑像

业的建设工作。他主持完成了"喷气和火箭技术的建立"规划，参与了近程导弹、中近程导弹和中国第一颗人造地球卫星的研制，直接领导、参与制定了中国近程导弹运载原子弹"两弹结合"试验，参与制定了中国第一个星际航空的发展规划，发展建立了工程控制论和系统学等。

血汗结硕果，令世界瞩目的日子终于来临。1966年10月27日，我国自行设计研制的第一枚导弹核武器发射试验成功。从第一颗原子弹爆炸到第一枚导弹核武器诞生，美国用了13年，而我国只用了2年。1970年4月24日，我国第一颗人造卫星"东方红一号"，在酒泉卫星发射中心呼啸升空。这颗卫星向全世界播送的《东方红》乐曲，宣告新中国迎来了航天时代的黎明。

外国科学家

WAI GUO KE XUE JIA

☆形式逻辑学奠基人——亚里士多德

亚里士多德塑像

亚里士多德是古代世界最伟大的哲学家和科学家，他创立了几乎丰富每个哲学领域的形式逻辑学，对科学做出了许多贡献。

亚里士多德不是雅典人，公元前384年，亚里士多德生于富拉基亚的斯塔基尔希腊移民区，可是他一生的主要活动却是在雅典城展开的。他父亲尼科马霍斯是马其顿国王的御医、阿斯克勒庇得斯医学会(这是当时十分著名的医学会)的成员。亚里士多德生活在一个对科学和哲学有着浓厚兴趣的家庭，并有机会经常与当时的一些领袖人物和智者接触，这些都启发了他早期的智慧和能力，为日后的发展奠定了坚实的基础。在童年和少年时期，他不但跟从父母和当地最优秀的教师学习，还师从到家做客的朋友和拜访者，学过医学，并且对生物学和实用科学产生了兴趣。17岁时，亚里士多德被送到雅典著名的柏拉图学园。跟柏拉图学习哲学的20年，对亚里士多德来说是个很重要的阶段，这一时期的学习和生活对他一生产生了决定性的影响。苏格拉底是柏拉图的老师，亚里士多德又受教于柏拉图，他们师徒三代都是哲学史上赫赫有名的人物。

在雅典的柏拉图学园中，亚里士多德的全部热情都被他倾注到求知上，他不惜重金购买了大量书籍，潜心研读、探究。柏拉图来到他的房间，看到架子上、桌子上、床上都摆满了书籍，不禁感叹道："不愧是读书人的房间。"在柏拉图学园学习期间，亚里士多德表现得很出色，他勤奋刻苦，涉猎广泛，在许多领域都显示了自己过人的才华，很受老师柏拉图看重，被柏拉图称为"学园之灵"。

在柏拉图学园学习期间，亚里士多德广泛涉猎各门学科，对政治、历史、天文、数学、物理、生物、心理、修辞、戏剧等

亚里士多德生于公元前384年，卒于前322年，是古希腊数学家、物理学家。他发现浮力定律，并在数学和力学方面取得极大成就。

学科都做了深刻的研究。作为学生，他对老师十分尊重，虚心向老师学习，但他从不在思想上受任何人的束缚。他对柏拉图在学园门口写着的"不懂几何学的人，请勿入内"的观点不以为然，还常驳倒柏拉图的理论。这使柏拉图的其他弟子十分不满，忍无可忍地责备亚里士多德不尊重老师。亚里士多德面对责难不为所动，他告诉同学："吾爱吾师，但更爱真理。"

亚里士多德一生勤奋好学，善于寻根问底。当柏拉图讲述《理想国》时，所有听讲的学生都觉得枯燥乏味，唯有他深觉奥妙。他如饥似渴地吸吮柏拉图思想的精华，因此深得柏拉图的赏识。柏拉图曾经这样赞赏他："我的学园可分成两部分——

亚里士多德是一个善于思考的人，在多个领域都取得不朽的成就。

一般学生构成它的躯体，亚里士多德构成了它的头脑。"由此可知，亚里士多德当时的地位和名气已非同一般了。

柏拉图去世时，亚里士多德37岁，这时，他已是当时最博学最富有智慧的人了。之后不久，他成为了马其顿国王之子亚历山大的家庭教师。这两个人，一位是当时杰出的军事和政治天才，一位是学术殿堂的泰斗，他们的交往确实是历史上一段耐人寻味的佳话。

公元前335年，亚里士多德在雅典吕克昂开办了自己的学园。除了教学之外，他还致力于生物学和自然科学的研究。

由于担任了亚历山大的老师一职，他本人的收入很可观，而且他还与希腊最有权势的富户联姻。这些条件使得他有财力、物力资助自己的事业。同时，为了让亚里士多德更好地投入研究工作，亚历山大指示他的猎手、猎场守门人、园丁和渔夫向亚里士多德提供一切他所感兴趣的东西。仅是亚历山大向他提供的设备与研究材料就价值八百泰伦(约为四百万美元)。另外，亚里士多德在他浩繁的工作中也投入了大量的人力。他曾派了1000人到希腊和小亚细亚各地，为他采集各种动物和植物标本。

有了这些条件，亚里士多德建立起了世界上第一座动物学庭园。据说，这也是人类历史上以社会财富大规模资助科学事业的第一例。

绘画作品中所表现的亚里士多德学习时的柏拉图学园

正因为此，他在生物学、解剖学和植物学上建树极大。他曾给500多种动物冠以学名并加以描述。他还将植物灵魂论发扬光大，他认为植物可以感觉和移动。他的研究涉及植物、动物，直到人类，形成了一个自然生物圈的研究，这些成果为进化论奠定了基础。

亚里士多德一生勤于著述，写下了大量的著作，其中大部分已经散失，现留下的有《物理学》《形而上学》《工具论》《伦理学》《论灵魂》《政治学》《修辞学》《诗学》等。其著作之浩繁，内容之广泛，前无古人，后无来者。其学术思想著作几乎涉及了所有学术领域，并成为了1500年后文艺复兴运动的火种。

亚里士多德是一位真正的哲学家。在他看来，哲学是关于首要的和最普遍的原因的知识，是关于事物第一原因的知识。

在认识论上，亚里士多德提出了著名的"蜡块说"。他把人的心灵比作蜡块，把外界的事物比作金指环，认为人的认识就像金指环印在蜡块上的痕迹一样。他的这一认识论思想对后人影响很大。

亚里士多德注重实践。他倡导的科学研究的学风成为一种欧洲传统。他的归纳推理法更是一种完整的逻辑体系，亚里士多德从而成为西方逻辑学的创始人。

就整个宇宙而论，亚里士多德认为宇宙不受神鬼或命运幻术控制，而遵从一定的规律运行；面对每一种自然现象，人类不应迷信或害怕，而应该通过试验和逻辑分析，得出应有的结论。他的这些反传统的主张深刻地影响了西方文化发展的根本方向。

亚里士多德的最伟大之处在于他创立了庞大的科学研究体系。在他之前，古希腊的科学还处于萌芽状态，是他多方面地总结了古希腊各科学术的成果。但也由于他对各种学派无不涉猎，使得他的哲学思想充满了折中主义的意味，前后矛盾之处比比皆是。尽管如此，他作为古希腊哲学的集大成者是当之无愧的，没有他，整个西方思想史很可能是另外一幅景象。

公元前323年，亚历山大大帝死后，雅典成了当时反对马其顿运动的中心，由于是亚历山大的老师，亚里士多德出逃雅典。途中，他身染重病，并于次年凄凉地离开了人世，享年63岁。

☆数学之神——阿基米德

阿基米德像

阿基米德生于公元前287年，卒于前212年，古希腊数学家、物理学家。他发现浮力定律，并在数学和力学方面取得极大成就。

阿基米德生于西西里岛一个繁华的城市叙拉古，他出身于书香门第，父亲是叙拉古有名的学者，阿基米德从小就受父亲的影响，勤奋好学。

阿基米德11岁那年，被送往亚历山大城去学习。亚历山大城是当时世界主要的学术中心之一，阿基米德在这里如鱼得水，他在书籍的海洋里畅游，他如饥似渴地学习天文学、数学和力学。他一边读书，向亚历山大城的著名人物求学，一边周游各地，用自己的知识来帮助人们解决实际问题。阿基米德边观察、边思考、边学习、边动手进行实际制作，从中学到很多扎实的本领，开阔了眼界。

少年时代的阿基米德根据自己长期观察的结果曾发明了行星仪，这种行星仪在水力推动下，能模仿太阳、月亮、行星和地球运动，还能将日食和月食准确地演示出来。

阿基米德曾为进一步解答宇宙到底有多大的问题，大胆采用新方法计算出了要填满宇宙所需要的沙粒数。这个奇特的构思，产生了"方次计算法"，在他的著作《沙粒的计算》中得以充分说明。

阿基米德曾学习了一套解决实际问题的计算丈量法，他能够不爬山就精确地测量出山的高度，甚至还能计算测量出地球的直径，阿基米德测算出的数据与我们现在通过先进的计算办法算出的数据只差100多千米。他用这种方法为尼罗河两岸的冲击平原丈量土地，赢得了亚历山大人的尊敬。

在这期间，阿基米德看到用尼罗河水

灌溉田地十分费劲，便想法发明了螺旋扬水机，它能用人工将水连续地从低处抽到高处，解决了尼罗河高堤外面的农田灌溉问题。人们称这种机械为"阿基米德螺旋"，用此原理制成的机械，可以用来传送小块固体、粉末、黏性液体，做成各种螺旋搅拌混合机械，如绞肉机等，在科技高度发达的今天，这些机械仍有广泛的应用价值。

公元前 240 年，阿基米德听从祖国叙拉古的召唤，离开了培育他多年的亚历山大城。回到家乡，阿基米德便做了国王亥厄洛的顾问，帮助国王解决一些生产实践、军事技术及日常生活中的科学技术等方面的问题。在那个时候，起重机、投掷石弹的投石机、天平都得到了广泛的应用，虽然人们在使用和制造这些工具的过程中，已经懂得了杠杆的作用，但仍然没有人能够科学、全面、系统地将它总结成定律。阿基米德在前人的基础上总结经验，从重

阿基米德当年在洗澡时发现了浮力，解决了检验王冠金属成份的难题。

心的观点出发，对杠杆的平衡条件进行了数学证明，并确定三角形、平行四边形、梯形、抛物线、弓形等平面图形的重心，写出了《论平面图形的平衡》这部科学著作。他从中证明了现今仍被广泛运用的重量比

表现罗马士兵杀害阿基米德的情景图画

等于距离反比的杠杆定律。

阿基米德在《论球和圆柱》一书中给出了 5 条公理作为严格证明的依据，解决了人类在生产和生活实践中经常碰到的计算图形长度、面积和体积的问题。

值得一提的是，阿基米德求出了计算球体、圆柱体和更复杂立体的体积、表面积和周长的公式，并且他推演出这些公式时运用的"穷竭法"，为现代积分计算奠定了基础。

有一次，国王让工匠做了一顶纯金王冠。金王冠做成后，样式十分好看，但国王怀疑工匠贪污了金子，而掺入银子或其他金属来凑足王冠的分量，于是，他就命令阿

基米德在不损坏金王冠的前提下，查明王冠中是否掺了其他物质。

这一难题的确难住了阿基米德，他一直在为这个问题苦苦思索着。有一次，阿基米德准备洗澡，澡盆里的水已经满到盆口，他刚踏进澡盆，水就开始往外溢。直到他全身入水后，水才停止溢出。他感到很奇怪，于是他忙走出盆外，看见水面已经低于盆口。这时他忽然领悟到一个极其重要的科学原理，"对了，找到解决王冠问题的办法了。"他欣喜若狂，衣服没穿好就跑到皇宫向亥厄洛国王报告。他根据流体静力学的基本原理，即物体在液体中减轻的重量等于排去液体的重量，根据这一道理，就

阿基米德智退敌军

在古希腊的时候，很多国家之间经常发生战争，而阿基米德所在的国家叙拉古是个小国，战争的灾难是不可避免的。

年过古稀的阿基米德，仍然义不容辞的参加到保卫国家的战斗中。面对强大的敌人，阿基米德早就做好了迎战的准备，他花费心思设计了一种投石机，这种机器就好像小孩玩的弹弓，但是它却可以发射好几百斤重的石头。

眼看敌人的战舰驶近了，阿基米德下令："放！"于是一颗颗巨大的石弹狠狠地砸在了敌舰上，敌人抱头鼠窜。敌军回去以后，仔细研究对策，他们再一次发动了猛烈的进攻。看到浩浩荡荡的敌舰向自己的国家驶来，阿基米德知道，如果投石机太少，根本挡不住这么多敌人。一个念头闪进了阿基米德的脑子："对，就用这个办法，神圣的太阳，但愿你能帮我拯救善良的叙拉古人民。"他果断地下了一道命令，让每一位妇女都拿起她们的铜镜到海边集合。

敌人的军队看见岸边站着很多妇女，很是纳闷，"这么多女人在海边干什么？"可他们看见这些妇女没有拿什么武器，也就放心了，下令全速前进，准备开战。

突然间，一道刺眼的亮光从港口的那边射进来。一道道明亮的光柱，汇聚到一点上，那一亮点非常刺眼，热得烤人。它死死地钉在最前面的一艘战舰的大帆上。

船帆上冒出了浓浓的黑烟，不知什么地方又传来烧破布的糊味。正当敌人纳闷时，有人惊叫起来："啊！船帆着火了，它烧着了！"

舰船随着那个亮点的移动，接二连三地烧起来，成了一片火海。敌人已经被惊呆了，敌方那个骄傲的统帅只好再次下令撤退。

叙拉古国又一次胜利了，而且没有用任何武器，没有一个士兵受伤。他们对阿基米德充满了崇拜和尊敬，他的智慧成为叙拉古人民的骄傲。

能判断出皇冠是否掺假。

阿基米德在许多科学领域都获得了令同时代科学家高山仰止的成就。在数学领域，阿基米德使用"穷竭法"求得了抛物线弓形、螺线、圆形的面积和体积以及椭球体、抛物面体等复杂几何体的体积，被公认为微积分计算的鼻祖。他还利用此法估算出了冗值，得出了三次方程的解法。他还提出了一套按级计算法，并利用它解决了许多数学难题。他主要的数学著作有《论球和圆柱》《论劈锥曲面体与球体》《抛物线求积》和《论螺线》。在力学领域，阿基米德的成就主要集中在静力学和流体静力学方面。在研究机械的过程中，他发现了杠杆原理。在研究浮体的过程中，他发现了浮力定律，也就是有名的阿基米德定律。他著有《论平板的平衡》《论浮体》《论杠杆》《论重心》等力学著作。在天文学领域，阿基米德设计了一些可以转动的圆球，用以表现日食、月食现象。阿基米德认为地球是圆球状的，并围绕着太阳旋转，这比哥白尼的"日心地动说"要早1800年。

阿基米德热衷于将科学发现应用于实践，他一生设计、制造了许多机械，除了杠杆系统外，值得一提的还有举重滑轮、灌地机、扬水机以及军事上用的投射器等。被称作"阿基米德举水螺旋"的扬水机是现代螺旋泵的前身。

阿基米德又是一个伟大的爱国者，当罗马军队入侵叙拉古时，他指导同胞制造了很多武器，如用于远距离投掷的投石机、能将敌船提起扔出的铁爪式起重机以及利用聚光原理使敌船燃烧的大凹镜。在这些武器的帮助下，罗马人被阻达3年之久，直到公元前212年，利用守城居民的大意，罗马军队才最终进入叙拉古。城破之后，阿基米德被一名无知的罗马士兵杀死，终年75岁。他的遗体被葬在西西里岛，墓碑上刻着一个圆柱内切球的图形，以纪念他在几何学上的卓越贡献。

☆欧洲活版印刷术的发明者——古登堡

美茵兹是古代德意志的一个小王国，莱茵河水从那里缓缓流过。500多年前，那里诞生了欧洲的活版印刷术。其发明者约翰·古登堡一生中的头40年的大部分时间是在斯拉斯堡度过的，在那里他主要从事金银匠工作，有相当丰富的切割与铸造

古登堡生于1400年左右，卒于1468年，是德国发明家。他发明了欧洲的活版印刷术，促进了世界文明的发展和传播。

古登堡像

金属模型的经验,同时还致力于活字印刷术的研究。

　　1448年前后古登堡正式取得了美茵兹城的公民资格。1450年,他与富有的金匠浮士特签订合同,把他的印刷厂以800个基尔特币的价格抵押给了浮士特,以后押金又提高到1600个基尔特币,以从事铅字和印刷机的制作与完善工作。1455年,浮士特控告古登堡并要求赔偿,古登堡败诉,被迫放弃了自己的印刷厂。后来,他与曾经被雇用为印刷厂排字员的一个名叫斯荷夫的人合作,并在1456年借款制造了另一台印刷机。同年,古登堡用自己发明的铅字、油墨和印刷机印刷了《圣经》,这宣

轶事趣闻

　　对于活字印刷术究竟是先诞生在欧洲还是中国,有很多争论。有些人认为,古登堡是发明活字印刷术的第一人。但是,西班牙著名作家门多萨16世纪出版了《中华大帝国志》,其中明确提出古登堡的活字印刷术是从中国辗转传入德国的。尽管古登堡的发明比中国宋代毕昇的泥活字印刷术要晚得多,但是古登堡却最先使用印刷机,成为近代机械化印刷技术的先驱。

告了欧洲活版印刷术的诞生。这部《圣经》使用拉丁文编成,每页42行,共3卷,史称《四十二行圣经》,也就是后来闻名于世的《古登堡圣经》——欧洲历史上第一部用活版印刷术印制的印本图书。古登堡的发明在欧洲产生了划时代的影响。在此之

《古登堡圣经》书影

古登堡印刷机

前，书藉多半是靠修道院的僧侣手抄，数量极少，价格昂贵，一般人只能是望"书"兴叹，这严重阻碍了文明的传播与发展，而铅活字印刷术的发明，使书籍得以在欧洲大量印行，再配合文艺复兴的热潮，终于使欧洲摆脱了中世纪的愚昧和黑暗。

1462年，美茵兹城遭受了拿索的阿道尔夫部队的劫掠，古登堡印刷厂的印刷员工也都纷纷逃亡各地，这些人把古登堡发明的印刷术传播到了日耳曼各地，古登堡最后在爱蒂勒定居，于1468年逝世。

☆现代天文学的奠基人——哥白尼

1473年2月19日哥白尼诞生在波兰，他有一个哥哥、两个姐姐，在家是老小。

哥白尼的父亲是个富商，还是一位议员，他对这个最小的儿子倾注了无限的心血。夏天的夜晚，父子俩常搬着小椅子到屋外纳凉，这时候是小哥白尼最快乐的时光。在他的眼里，父亲无所不知。所以，他总是缠着父亲讲外面的新闻，讲古老的故事，然而，最令他感兴趣的还是头顶上那片遥远而神秘的夜空。小哥白尼常常躺在父

亲温暖的怀抱里，痴痴地望着天空，伸出小手一颗一颗地数着星星，不知不觉地就沉入了甜蜜的梦乡。

哥白尼10岁时，家里发生了变故。当时城里瘟疫流行，父亲不幸身染重病，躺在床上痛苦地呻吟，一家人手足无措，只能围着他虔诚地祈祷。他们不相信医生，只相信那个"主宰万物的上帝"。家人请来了教士，哥白尼一颗焦急的心才略微平静一点，幼稚的他也以为代表上帝旨意的教士能够挽救父亲的生命。教士口中念念有词："万能的主啊，请用宽宏大量的心饶恕这个可怜的罪人吧！"但是，像千千万万的其他人一样，父亲也在病魔的折磨下溘

哥白尼素描画像

哥白尼生于1473年，卒于1543年，波兰天文学家。他创立的"日心说"在天文学界引起极大轰动。

然离世。

父亲去世后，哥白尼由舅舅卢卡斯大主教抚养。舅舅是个人文主义者，他和波兰进步的知识界有着密切的往来，他经常带哥白尼出入人文主义者的沙龙，哥白尼开始接触到自然科学知识。

小哥白尼对世界抱有强烈的好奇心，喜欢探索自然奥秘，遇到理解不了的问题，他总喜欢打破沙锅问到底。

中学时代的一天，老师向同学们介绍一种名叫日晷的仪器，他告诉大家，仪器的原理是利用阳光投射的影子来标志时间。老师的这番话深深吸引了哥白尼，下课后，同学们在操场上嬉笑打闹，哥白尼却缠着老师详细询问日晷的做法。老师问："为什么你对日晷这么有兴趣呢？"哥白尼认真地回答："我想捉住太阳的脚步。"

回到家，哥白尼立刻满屋子寻找材料，他终于找到一个稍大的圆木盘和一根尖尖的细木棒，而后就动手做起来。哥白尼先仔细地给圆木盘标上均分的刻度，再将一根铁钉对准圆盘的正中心，用锤子轻轻敲击，轻了，钉子没钉进去，他加大力度，突然，手一歪，锤子砸在大拇指上，鲜血顿时流了出来，钻心地疼痛。哥白尼顾不得包扎，只将拇指放入口中吮了一下，又继续他的制作。

日晷做好了，哥白尼小心翼翼地捧着，把它轻轻地放到院子中，自己就端个小凳，安静地坐着，两眼一眨不眨地注视着日晷。时间一分一秒地过去了，气温也越来

哥白尼行星系统

越高，日晷上的细木棒在圆盘的刻度上投下的阴影也在移动，哥白尼还是纹丝不动，凝视着、思索着。一个上午过去了，不知何时，舅舅静静地站在他的身后，微笑着说："好一个精巧的日晷！"舅舅一边赞扬，一边爱抚地拍着哥白尼的肩膀说："只是别光顾着做仪器，饭还是要吃的。""舅舅，你来得正好。我有个问题，假如是个阴天，或者到了晚上，没有了阳光，这日晷不就无法测量时间了吗？"

舅舅点头回答："是这样的。你在学校里有没有学到这方面的知识？能告诉我还有其他的解决办法吗？"哥白尼带着疑惑的神情说："老师说，天空中漂浮着天使和水晶球，天使们都有等级，就像我们有贵族一样。每一个天使推着一个天体运动。水晶球是一个套着一个的。水晶球的中心是静止不动的地球，太阳围绕着地球转动。为了照亮地球，上帝创造了太阳。可我不明白，前年发洪水，天天下暴雨，见不到一天的太阳，上帝又到哪里去了呢？"舅舅若

《天体运行论》书影

有所思地说:"孩子,你善于动脑筋,我很高兴。你要用功学习,到时候我送你上大学,去研究天文学。""天上的事情凡人能弄清楚吗?"舅舅加重语气说:"人具有无限的创造力,人的命运把握在自己的手中。"

舅舅的话给了小哥白尼无限的勇气,他望着舅舅,郑重地点了点头。哥白尼18岁时,舅舅送他到克拉科夫大学学习天文学。

在大学里他掌握了深奥的天文学,并且还学会了使用天文仪。一天,他跟着同学们坐船去旅游,他奇怪地发现,自己和同学们坐的船并没有动,相反他却发现是岸上的房子在走。这个现象让哥白尼对太阳围绕地球转的理论开始产生了怀疑,回到学校以后,他根据平时自己对天象的观察数据进行了反复的计算,发现原有的天文理论总不能自圆其说。

1494年,曾给予哥白尼的天文学启蒙教育的沃依策赫老师要离开克拉科夫大学了。哥白尼去跟自己的恩师告别,在那里他碰到了意大利诗人卡里玛赫,卡里玛赫是沃依策赫的好友,他常常听到沃依策赫夸耀哥白尼的才华,于是他便有意考考沃依策赫的这位高材生,他指了指一张挂在墙上的星象图说,你能跟我做一下解释吗?哥白尼看见那上面画着大大小小的圆圈,中央一个小小的圆点是地球,地球周围有七道逐渐扩大的圆圈,这是星体的运行轨道,哥白尼一看就知道这是托勒密的以地球为中心的星象图。

"这份星象图是错误的!"哥白尼说。

停了一会儿他又说道:"应该把它颠倒过来,让太阳静止不动,叫地球绕着太阳旋转。这样日升月落的现象才能得到更合理的解释。"

"年轻人,你真是太大胆了,你简直就是一个敢冒犯上帝的傻孩子!"卡里玛赫感到惊讶,同时沃依策赫也觉得突兀,他们急忙教育哥白尼在没有足够的证据下千万不可口无遮拦。随着知识的积累,哥白尼对这个教会的天文学理论越来越怀疑了,为了搞清太阳与地球谁是宇宙的中心这个问题,他读遍了各种文献和典籍。

哥白尼塑像

为了有充裕的时间从事天文观察，哥白尼放弃了罗马教授的职位，回到了波兰做一个教堂的教士。他住在教区的塔楼顶层上，这是一间向前倾斜的房子，这个房子有三个窗口，他可以从三个方向观测天象，但是哥白尼还嫌这不够，于是又在屋顶上开了几条缝隙。

哥白尼不管春夏秋冬，他每天都用自己自制的简陋仪器坚持观察。根据前人的论述，加上他自己的观察和研究，他提出了"太阳是宇宙的中心，所有的行星都围绕太阳运转"的理论。

哥白尼的这个理论一出来就受到了教会的批驳，因为它与教会的"上帝创造一切"的理论相冲突，所以他立刻遭到了教

18世纪的太阳系仪

会的攻击和迫害。尽管如此哥白尼还是花了36年的心血，写成了《天体运行论》一书。正是因为哥白尼的"日心说"，自然科学才从神学的枷锁中解放了出来。

1543年，哥白尼因病逝世，享年70岁。后人进一步发展了哥白尼的学说。

☆近代科学之父——伽利略

伽利略像

伽利略出生于意大利的左城比萨一个没落的贵族家庭。伽利略的先祖曾是有权有势的贵族，后来，其家族势力日渐衰落，到他的父亲这一代，已经受到贫穷的困扰了。

他的父亲是位数学家，尤其精通音乐理论和声学，曾有《古代音乐与现代音乐对话》的著述，还做过"振动和谐音"的实验。然而，父亲的职业没有使家庭变得富裕起来，因此，父亲并不希望大儿子伽利略以数学和音乐为职业。

然而，事与愿违。父亲的职业与爱好

伽利略生于1564年，卒于1642年。他是意大利天文学家、物理学家，研究成果从力学到运动学到光学以及整个宇宙体系，开创了具有严密逻辑体系的近代科学。

对儿子产生了潜移默化的影响,伽利略自幼就对音乐、诗歌、绘画及数学、机械产生了浓厚的兴趣,还经常自己动手制作风车和船舶模型。父亲看到儿子如此,又高兴又发愁,高兴的是儿子跟他一样,具有超常的聪明才智,发愁的是他不希望孩子日后再走科学之路而一生都在贫困中煎熬。为了避免孩子步自己的后尘,他开始规划伽利略的学业,以便日后伽利略能够从事一项收入丰厚的职业。因此,在伽利略9岁那年他就被父亲送进修道院学习。既聪明又好学的伽利略,中学时代一直是成绩优异的学生。

伽利略17岁时完成了中学学业,在父亲的一手安排下,进入比萨大学学习医学,因为当医生是个容易挣钱的职业。可是,进校不久,伽利略就感到医学枯燥无味,与他的爱好格格不入,他便经常悄悄地钻进图书馆如饥似渴地阅读古希腊数学、哲学与物理学书籍,阿基米德的数学与实验相结合的方法犹如黑暗中的一盏明灯,照亮了他前行的方向,他曾满怀深情地说:"阿基米德是我的老师。"为了追随这位老师

伽利略的书房

的学术道路,他还常常在上医学课的时间里,偷偷跑去聆听著名学者里奇讲解"欧几里得几何学"和"阿基米德静力学",里奇在讲解应用力学与应用数学时,深入浅出,通俗生动。渐渐地,这些讲座引领着伽利略进入了一个数学、物理学的新世界。

有一天,伽利略在书屋里看亚里士多德的著作,突然他自言自语起来。

"不可能,太不可能了——'物体从高处落下时,速度是由重量决定的。物体越重落下来的速度越快。'"

"为什么只要摆的绳长相同,摆落到最低点的时间都相同呢?这与摆的重量似乎是没有关系的啊!"

他决定做一下不同重量的物体从高处往下落时,距离相同、落到地面的时间也相同的实验。

为了证实这个实验的正确性,他决定到比萨斜塔去做这个落体实验。那一天,斜塔下围满了人。伽利略把手里的一大一小两个铁球同时放了出去,人们看见这两个球同时落地了。这个实验证明了他理论的正确。

1592年,通过朋友的帮助,帕多瓦大学正式聘用伽利略为数学和天文学教授,这里的薪水是原来的3倍,学术气氛也相当自由。28岁的伽利略意气风发地走向帕多瓦大学教授的讲坛。据说每逢他讲课,大厅里就挤得水泄不通,学校特意给他换了一个大课堂,以便能容纳更多的学生听讲。伽利略此时已逐渐认识到,测量与计

算是探索物理学的金钥匙。1602年，伽利略重新开始思考斜面运动和落体问题。这一次，他发现了"加速度"的确切计算方法，他终于得出结论：从静止开始，距离随着所用时间的平方增长。

1609年12月1日，伽利略经过反复琢磨，造出一架可放大20倍的望远镜，他将目标转向神秘无垠的太空。伽利略利用他的天文望远镜，发现了太空中一个巨大的星群，星群的远处又有许多星星，现代天文学就此诞生了。第二天白天，伽利略将涂成深色的望远镜对准了太阳，他发现在太阳炽热的表面浮荡着一层层奇怪的黑色风暴——我们今天称为太阳黑子。他认识到：太阳也像地球一样，是绕着自身的轴旋转的。如果真是这样，那就说明太阳也同样不仅仅是沿着某个不可思议的轨道运行，它还有自转。

1610年1月7日这个日子将永垂史册。当伽利略将望远镜对准木星时，发现木星附近有3颗小星，两颗在左，一颗在右，呈直线排列。1月13日夜，他又看到木星周围一共有4颗小星，1颗在左，3颗在右，他明白了，这4颗小星都是木星的卫星！这是人们迄今为止所知道的木星的12颗卫星中的4颗！

伽利略的《星际使者》的出版引起了轰动。人们奔走相告：伽利略通过他的望远镜看到了天上的奇迹！然而伽利略在天文学上的新发现却使贝拉明主教感到不安，因为多少世纪以来，教会只接受和讲授亚里士多德的理论，相信托勒密学说，现在伽利略证实了他们的错误，显然对教会不利。他力劝伽利略在涉及哥白尼学说问题上持审慎态度，要求其表明他的新天文学理论是尚未得到彻底证实的理论，并非事实。但他的《关于太阳黑子的信》一经出版，很快便传遍科学界和宗教界。因而引起亚里士多德的信徒的攻击，并使伽利略一度不敢将所发现的东西公之于世。

时间久了，伽利略再已无法抑制他的思想，他出版了一部名为《关于托勒密和哥白尼两大世界体系的对话》的论著。这本书对人类科学的影响极其深远，它与哥白尼的《天体运行论》、牛顿的《自然哲学的数学原理》一起，被后人并称为近代天文学的三部最伟大的文献。为了这部著作，当时年近七旬的科学家伽利略受到了极不公平的待遇，付出了沉重的代价，因为当时他再度顶撞了正统的教条信仰。1632年8月，罗马教廷下令查禁这本书，两个月

伽利略的自由落体实验（绘画）

后,伽利略接到罗马宗教法庭的传讯。灾难和恐惧再度降临到伽利略头上。

在收到第二次传讯通知书时,伽利略正在病中,医生写了证明书:"伽利略生病在床。他可能到不了罗马,就到另一个世界去了。"但宗教裁判所是无情的:"只要他能勉强成行,就把他抓起来,锁上铁链,押到罗马来。"他在霜冻的冬季,启程赴罗马,到罗马时已经半死不活。当他被押到审判官前受审时,无论从精神上或者从肉体上说,他都衰弱到了极点,已无法为自己进行辩护了。罗马宗教法庭对他的审讯持续了6个月。在审讯期间,伽利略不但得到了抱有自由思想的人们的支持,也得到了不少天主教学者和教会人士的支持。但

伽利略发明的第一架望远镜

是最终如愿的是宗教裁判所,伽利略被迫发誓,他同自己对地球运动的信念一刀两断。一颗巨星就这样被毁灭了。

☆ 日心说的推进者——开普勒

开普勒像

开普勒出生于德国威尔市的一个贫民家庭。他的祖父曾是当地颇有名望的贵族,但当开普勒出生时,家道已经中落,全家人仅仅靠经营一家小酒店生活。开普勒是一个早产儿,体质很差。他在童年时代遭遇了很大的不幸,4

岁时患上了天花和猩红热,虽侥幸死里逃生,健康却受到了严重的影响,视力衰弱,一只手半残。

开普勒身上有一种顽强的进取精神,他放学后要帮助父母料理酒店,但他从来没放弃过学习,成绩一直名列前茅。少年

开普勒生于1571年,卒于1630年,是著名天文学家、物理学家、数学家,近代自然科学的开创者之一,他进一步发展了哥白尼的"日心说"。

时代的开普勒因为体弱多病而影响到了学业,使他比起其他同学要付出更多的时间和心思才能够完成中学的课程。1587年,18岁的开普勒进入图宾根神学院学习神学和数学。这时候,新的不幸又降临到他身上,父亲病故,母亲被指控犯有巫术罪而入狱。生活不幸并未使他中断学业,他反而加倍努力学习。

在大学期间,开普勒受到天文学教授麦斯特林的影响,成为哥白尼学说的拥护者,同时他对自己的神学信仰发生了动摇。开普勒经常在大学里和同学辩论,旗帜鲜明地支持哥白尼的论说。开普勒对天文学有浓厚兴趣,在课堂以外,他用了大部分时间和精力去钻研有关天文学的理论。1597年,开普勒发表了有关各行星与太阳之间的距离的论文。3年之后,他成为了著名天文学家第谷·布拉赫的助手,并举家移居到布拉格。在布拉格期间,开普勒利用第谷多年研究得出的数据来探索有关各行星轨迹运动的新理论,并

第谷工作的天文台

开普勒曾经是第谷的助手,也正是第谷发现了他的才华。

且利用这些研究成果去支持哥白尼的理论。在第谷的帮助和指导下,开普勒的学术研究有了巨大的进步。

对火星轨道的研究是开普勒重新研究天体运动的起点。因为在第谷遗留下来的数据资料中,火星的资料是最丰富的,而哥白尼的理论在火星轨道上的偏离最大。开始,开普勒用正圆编制火星的运行表,发现火星老是出轨,他便将正圆改为偏心圆。在进行了无数次的试验后,他找到了与事实较为符合的方案。可是,依照这个方法来预测卫星的位置,却跟第谷的数据不符,产生了8分的误差。这8分的误差相当于秒针0.02秒瞬间转过的角度。开普勒知道第谷的实验数据是可信的,那错误出在什么地方呢?正是这个不容忽略的8分使开普勒走上了天文学改革的道路。他敏感地意识到火星的轨道并不是一个圆。随后,在进行了多次实验后,开普勒将火星轨道确定为椭圆,并用三角定点法测出地球的轨道也是椭圆形的,断定它们运行的线

开普勒的母亲曾被指控为女巫,而依据当时德国的制度,犯有这种罪行的人将被投入火中烧死。

速度跟它们与太阳的距离有关。

1609年，开普勒出版了《新天文学》一书，提出了著名的开普勒第一和第二定律。而开普勒第三定律则是在1619年出版的《宇宙谐和论》中提出的。哥白尼学

开普勒的行星轨道模型图

说认为天体绕太阳运转的轨道是圆形的，且是匀速运动的。开普勒第一和第二定律恰好纠正了哥白尼上述观点中的错误，极大地发展了哥白尼的"日心说"，使"日心说"与真理离的更近了，彻底地否定了统治千百年的托勒密"地心说"。开普勒还指出，行星与太阳之间存在着相互的作用力，其作用力的大小与二者之间的距离长短成反比。

开普勒不仅为哥白尼"日心说"找到了数量关系，更找到了物理上的依存关系，使天文学假说更符合自然界本身的真实情况。开普勒在完成三大定律时曾说："这正是我16年前就强烈希望探求的东西。我就是为了这个目的同第谷合作的……现在大势已定！书已经写成，是现在被人读还是后代有人读，于我来说都无所谓了。"

☆血液循环理论的创立者——哈维

哈维像

哈维从小就显得很聪慧，16岁便以优异的成绩考进入剑桥大学，19岁就获得了文学学士的学位。由于他的理想是研究医学，于是他辗转于欧洲各国，求学问道。1598年哈维来到意大利，进入帕多瓦医科大学，在

著名的解剖学家法布里克斯的指导下学习。因为他刻苦努力，积极参与实践，被同学们誉为"小解剖家"。在意大利学医期

哈维生于1578年，卒于1657年，是英国生理学家、医生。他揭开人体血液循环之谜，为近代医学、解剖学和生理学的研究提供了新的理论基础。

间,他还常常去听著名的科学家伽利略讲授的力学和天文学课程。受这位教授的影响,哈维的求知欲已跨越了学科的界线。伽利略注重实验的做法对哈维影响极大,这为他日后研究医学,发现人体的血液循环奠定了基础。

自1603年起,哈维开始在伦敦行医,不久他与伊丽莎白女王的御医朗斯洛·布朗的女儿结婚。这桩婚姻对于哈维的事业具有极大的帮助。1604年,哈维被选为英国皇家学院的候补委员。1607年成为正式会员。1609年,由国王詹姆士一世和皇家医学院院长推荐,哈维取得了圣巴托罗医院候补医师的职位。同年,哈维补上别人留下来的空缺,成为正式医师,开始独立行医。哈维关心病人的疾苦,看病不计较报酬,还常常免费为穷人治疗,他行医的宗旨是"要为穷人做好事"。哈维医术高明,曾成功地做过切除乳房的手术,积累了丰富的妇产科医疗经验,他还采用结扎动脉血管、断绝肿瘤养分来源的方法治愈肿瘤。

哈维著作插图

哈维向查理一世展示自己关于心脏和血液循环的观点(绘画作品)

1615年8月,哈维被选为皇家医学院伦姆雷讲座的主讲人。1616年4月,哈维第一次提出了关于血液循环的理论。古代最伟大的内科医生盖伦曾亲自做过大量的解剖,也对心脏和血管做过细心的研究,但是却从未想到血液会循环流动。亚里士多德也没有想到竟有这么回事,虽然生物学是他的主要兴趣之一。甚至在哈维的理论发表之后,许多内科医生仍然不愿接受哈维的观点——人体内的血液不停地通过一个闭合的血管体系循环,血液流动的力量是由心脏提供的。哈维最初是通过一个简单的数学运算推算出血液循环这一概念的。哈维估计心脏每次跳动的排血量大约是两盎司(约56.7克),由于心脏每分钟跳动72次,所以用简单的乘法运算就可以得出结论:每小时大约有540磅(244.6千克)血液从心脏流入主动脉。但是540磅远远超过了一个正常人的体重,甚至远远地超过了血液本身的重量。按照盖论的血液涨潮落潮理论,"潮水"居然比容纳它的人还重,这显然是不可能的。因此哈维推断,一定是血液在循环流动。

为了搞清血液循环的路径,哈维研究了心脏的结构。他发现,人的心脏共分四个腔,腔与腔之间由一个只准单向通过的瓣膜分开,因此,血液的循环肯定是单向的。根据严谨的实验,哈维提出了血液循环的正确学说:静脉血从右心房进入右心室,然后流入肺中,在那里接触空气,暗红的静脉血变成鲜红的血液,流回左心房,再从左心房进入动脉血管中,流遍全身;身体各处的血液逐渐变成暗红色,再通过静脉

哈维进一步完善了血液循环理论

流回右心房,一次循环完成;心脏的搏动推动着血液循环流动。

☆科学巨人——牛顿

牛顿像

艾萨克·牛顿出生在英国乌尔索普的一个农民家庭里,牛顿还没有出世时,父亲就去世了。3岁时他的母亲改嫁,牛顿随外祖母生活。家庭的悲惨遭遇,使得牛顿自小就养成了沉默寡言的性格和善于思考的良好习惯。

他时而一个人守在屋里埋头读书,哪怕天暗得看不清字了,还不肯丢开书;时而独自站在一个角落里遥望星空,哪怕是蚊虫叮咬得他浑身痒痛,他还是呆呆地仰面朝天,直到外婆拉住他的胳膊往屋里拖,他才明白已深更半夜该睡觉了。除了外婆晓得这个外孙子"心里很明白"外,在他

牛顿生于1643年,卒于1727年,是英国科学家。他发现万有引力定律,出版了划时代巨著《自然哲学的数学原理》。

18世纪讽刺牛顿的漫画

人的眼里,牛顿简直是个"愣孩儿",甚至有点痴呆。

说实话,牛顿在少年时代学业普通,成绩一般,与众不同的是他能冷静思考,还有极强的动手能力,课余时间喜欢制作各种各样的工艺品和小机械装置。

有一次,他抱着自己磨面的小风车到学校里,拿给同学们看,同学们都很欣赏他的这一小小发明,可是有两个平时成绩很好的同学十分妒忌,于是讽刺他说:"这个笨木匠,不好好读书,手艺倒是不错。"

"你们凭什么侮辱我?"

牛顿说完便向这两个同学冲去,他一下子便把这两个同学打翻在地,结果牛顿受到了老师的严厉惩罚,老师劝其退学,他的母亲也怪他不争气,决定让他回家做一个农民。

这件事对牛顿的打击很大,他于是决心要好好学习,奋发读书,要为自己争一口气。没过多久,他的成绩就直线上升,等到学期结束以后,老师和同学们不得不对他刮目相看了。几年后,继父去世了,牛顿的母亲带着弟弟妹妹回到老家。繁重的农活压在母亲柔弱的身上,母亲不得不让牛顿辍学回家帮助料理农事。这个十三四岁的小男子汉成了全家的顶梁柱,挑起了生活的重担,里里外外忙得像个陀螺。可再忙,他也不肯放弃他的"科学研究"。

有本书中说:同样的风速在不同风向下,对地面物体的运动产生不同的影响。于是,牛顿在一个狂风大作的晴天,分别在顺风和逆风的情况下做跳跃,用尺子仔细测量了跳跃的距离。显然,风向不同,跳跃的距离不等。他进一步想,如果还有其他的外力因素,比如有了雨水的参与的话,将

表现牛顿光实验的画

会对运动产生什么样的影响呢?

这天,大雨倾盆,牛顿兴冲冲地一头扎进漫天的雨幕中。到了吃饭的时间,母亲四处叫喊,哪里找得到他的影子?她不由得一阵心慌,这瓢泼大雨一连下了两天,村中的那条河流,现在陡然涨了许多,洪水汹涌奔腾……这孩子可别出什么事啊!母亲急忙喊来邻居们帮忙寻找牛顿,大伙儿冒雨出门,焦急地呼喊寻找。房檐下没有,村外树下也没有,最后,他们竟然在野外的一块空地上发现了他,只见他浑身湿透像只落汤鸡,却又像个疯子似的顶着暴风骤雨,跑来跑去。难道孩子发疯了吗?母亲惊呆了。只见牛顿顺风拼命起跳,再逆风用力起跳,最后侧身跳跃,突然,脚下一滑,一个趔趄,牛顿摔倒在地。母亲赶忙叫喊着跑上去,将爬起来的牛顿紧紧抱住,没料到牛顿微笑着告诉母亲,他没疯也没傻,这只是根据书上说的知识,用身体来测试风力罢了。

母亲顾不得听牛顿的解释,她心疼地强行把牛顿拖回了家。事后,当母亲听牛顿反复解释,明白这是在做一项科学实验之后,母亲认识到儿子是真的迷上了科学,要是再让他辍学在家务农,不仅会耽误了他的美好前程,也许真的哪天还会把他逼成个疯子呢!这怎么办呢?母亲找牛顿的舅舅商量,当神父的舅舅明白外甥的心思,他耐心地开导这位处在困境中的姐姐:"姐姐,我理解你的生活难处。但依我看,牛顿这孩子是棵好苗子,不让他读书实在太可

惜了。如果他能考上大学,我愿意负担部分学费。"母亲在听了自己兄弟的劝告,尤其是得到了经济上帮助的许诺之后,便决定让牛顿回校上课。牛顿得知这个消息,高兴得跳了起来,他向妈妈保证:"我一定努力,一定会考上大学。"牛顿重返校园,百倍珍惜学习机会,他内心燃烧着熊熊的理想之火,把对知识的渴求,转化为更加勤奋的学习和更加刻苦的钻研。17岁的那一年,牛顿以优异的成绩考上了剑桥大学。这所学校集中了许多一流的科学家,也汇聚了来自各地的优秀学生。牛顿发现自己的数学跟不上趟,别的课程随之也受到了影响。他感到压力不小,但他没有畏难退缩,而是把这当作一种挑战,他决心抓紧一切时间努力自学。夜深了,同学们进入

牛顿的一生都孜孜不倦地进行着科学研究

68

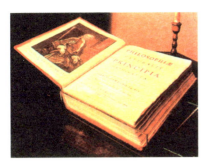

牛顿的著作《自然哲学的数学原理》

了甜蜜的梦乡,只有牛顿的房间里灯火通明。他针对自己数学方面的情况,列出了详细的补课计划,补缺补差,踏踏实实,一步步地往前赶,3年后,数学成为牛顿最出色的一门功课。

15世纪中叶,文艺复兴运动结束了以神为中心的宗教文化,建立以人为本的自由文化。16世纪,出现了一批以这种精神研究自然科学的学者,达·芬奇、哥白尼、第谷、开普勒、伽利略等科学家相继涌现,科学界正发生着日新月异的变化,科学的新曙光也照进了剑桥大学。第一任"卢卡斯数学讲座"教授巴罗对善于思考、勇于发现的牛顿很赏识,于是有心培养他。在巴罗教授的指导下,牛顿潜心钻研欧几里得几何学和笛卡尔的解析几何学,进步极快,被评为剑桥三一学院的优等生。1664年牛顿被选拔为研究生。1669年,巴罗教授主动辞去卢卡斯讲座数学教授的职位,让牛顿成为他的继任者,26岁的牛顿

一直担任此职至53岁。1672年,牛顿被接纳为伦敦皇家学会会员。1687年,《自然哲学的数学原理》这一划时代的著作问世,该书以牛顿的三大运动定律和万有引力定律为基础,建立了完美的力学理论体系,说明了当时人们所能理解的一切力学现象,解决了行星运动、落体运动、振子运动、微粒运动、声音和波、潮涨潮落以及地球的扁圆形状等各式各样的问题。在以后的200多年中,再也没有人能够补充任何本质上的东西,直到20世纪量子论和相对论的出现,才使力学的范畴扩大。1696年,牛顿的同学,财政大臣蒙格特请牛顿担任造币局副局长,牛顿经过两三年努力,很快解决了英国的币制混乱问题,并在1699年升任造币局局长。1703年,牛顿被选为皇家学会主席。之后,他又发表了《光学》《三次曲线枚举》《流数法》《使用级数、流数等等的分析》等著作。

牛顿的折射式望远镜

☆揭开雷电之谜的人——富兰克林

富兰克林塑像

本杰明·富兰克林出生于北美波士顿一个制造肥皂和蜡烛为生的小手工业者家中。

由于家里很穷,富兰克林仅上了两年学就辍学在家,跟着父亲在作坊里制作蜡烛、肥皂。但小小年纪的他很有志向,不乐意这样永远守在小作坊里,而是想着将来做更有用的大事情。一有空,他就捧起书本来读,有时迷得连饭也不吃,觉也不睡。父亲瞧在眼里,疼在心里,时常感叹:"无奈家里小孩太多,无力培养啊!"有时,父亲会给小富兰克林一些零用钱,但他一次也舍不得买糖吃,更不会去买玩具,而是全都积攒下来买书。有些书太贵买不起,他就把看过的书卖给书贩,或以几本旧书换一本新书,想尽种种办法,终于读完了一

套50册的历史丛书,以及许多名著,人们都叫他"小书迷"。

富兰克林12岁了,父亲不想让"书迷儿子"一辈子跟自己一样泡在小作坊里,他将来靠什么手艺来谋生呢?

父亲最终把他送到了印刷厂去工作,因为在那里他可以看到更多的新书,就这样年仅12岁的富兰克林便进了他哥哥詹姆士开办的小印刷所去当一名小学徒。

他年纪虽小,但在印刷厂里却很快就掌握了排字、校对、印刷、装订等技术。同时他还主动和书店里的小学徒们接触,这样一来他能够看到的书就更多了。他常

富兰克林生于1706年,卒于1790年,是美国科学家、政治家。他第一次揭开雷电之谜,发明了避雷针。

勤奋好学的富兰克林

常从书店的小学徒的手中借书出来，借着夜晚的时间把书看完，等到上班的时候再把借来的书还给书店。

经常来他们印刷厂印书的书商亚当斯看到富兰克林如此爱书，便让富兰克林到他的藏书室里去找书看。每天下班以后，富兰克林便匆匆来到亚当斯家里借书，然后再匆匆地赶回家去，一边啃着面包一边看，直到深夜。富兰克林在这段时间学到了丰富的知识。

1721年，印刷所办了一张《新英格兰报》，这个报纸由富兰克林来排字、校对、印刷、装订，而哥哥詹姆士则担任主编。同时富兰克林还化名为"赛伦思·杜古德"女士经常向这家报纸投稿。哥哥詹姆士觉得这位女士太有才华了，便写信给赛伦思·杜古德女士，约她到印刷所边上的公园见面。3天以后信被打了回来，因为地址和人名都是富兰克林编造的。

绘画所表现的富兰克林进行电学实验

16岁的那一年，富兰克林离开家到费城去工作，很快他在费城便成为了有名的印刷工人。1731年，他开办了自己的印刷厂，这时他已经拥有了许多藏书，他利用印刷厂的有利条件创建了一个图书馆，每一个前来借书的人，只需很少的钱，就可以在图书馆借阅书籍，这是美洲第一个公共图书馆。

1748年，富兰克林离开了自己从事了30多年的印刷工作，去进行科学研究。1745年荷兰人发明了一种莱顿瓶，这种莱顿瓶能容电、放电，大大促进了电学实验。放弃印刷工作的富兰克林准备自制一个"莱顿瓶"，在仿制和实验过程中他发现电可以从一个物体传到另一个物体上。后来经过反复的实验，他终于大胆地提出了用正电和负电来说明两种电荷的性质。在一次实验中他还发现了带有正电和负电的两物体的尖端在接触的刹那间会发出耀眼的火花。

富兰克林根据这一现象，在一个下雨天和他的宝贝儿子用风筝做了一个实验。当天上乌云弥漫的时候，他将儿子平时喜欢放的风筝找了出来，然后在放风筝用的麻绳的末端挂上了一根丝带和一把钥匙。他和儿子跑向了一片开阔地，在黑压压的乌云底下，把风筝放向了天空。

突然，一阵震耳欲聋的雷电闪过天空，富兰克林发现，一朵蓝色的火花从他的手指和钥匙之间一闪而过。"唉哟"，富兰克林大声叫喊。"是电，我抓到天上的电了!赶快拿莱顿瓶。"

儿子把没有电的莱顿瓶递给了富兰克林,他把莱顿瓶放在钥匙上,这时一阵雷鸣电闪,莱顿瓶里有电了。后来,富兰克林根据这一实验,发明了避雷针。

避雷针是发明出来了,可是要把它推广应用可不那么容易。在当时,教堂里的打钟人最易受到雷电之害,因为钟楼总是位于教堂建筑物的最高处,在雷雨中打钟自然是很危险的事情。因此,富兰克林想首先把避雷针安装到教堂钟楼的顶上。然而,教会里的伪君子们却坚决反对使用避雷针这种"亵渎神明"的怪物,并且武断地认为避雷针会吸引电力,会使人更容易遭雷击。任凭富兰克林怎么解释,他们就是不听。最后,富兰克林没办法,就将避雷针装在自家的房屋上,过了一段时间,房屋安然无恙,这才堵住了反对者的口。事实教育了人们,使人们相信了科学,相信了避雷针的作用。这之后,避雷针相继传到英国、德国、法国,最后在世界各地普及,有效地帮助人类避开雷电这个"恶魔"。

富兰克林做雷电实验(绘画)

值得一提的是,富兰克林不但是美国的科学之父,而且还是与华盛顿齐名的杰出政治家。他去世后,人们在他的墓碑上刻下了这两句话:"他从天空抓到雷电,从专制统治者手中夺回权力。"

☆ 数学巨匠——欧拉

欧拉出生在瑞士巴塞尔,他的全名叫昂纳德·欧拉。他名字的来源是这样的:欧拉出生那一天,他的父亲走进书房,从书架上随手抽出一本书,这本书是13世纪意大利数学家列昂纳德撰写的《几何实习》,

欧拉生于1707年,卒于1783年,是瑞士著名数学家。人们把他与阿基米德、牛顿、高斯一起并称为人类历史上最伟大的四位数学家。

欧拉像

于是就给他起名为列昂纳德·欧拉了。

命运之神似乎早就在冥冥之中为欧拉铺就了一条走向成功的阳光大道。他父亲保罗·欧拉也是个数学爱好者。保罗·欧拉毕业于巴塞尔大学的神学系，毕业后理所当然地当了神甫。可是他却从没喜欢过这个职业。在学校念书时，他常常偷偷跑到数学系，去听著名数学家雅各布·伯努利教授的大众数学讲座。伯努利一家是著名的数学世家，前后四代人中出了十几位流芳百世的著名数学家。雅各布·伯努利是现代概率论的先驱，他的不朽著作《猜度术》是概率论最早的论著之一。他在悬链线、双扭线和对数螺旋线的研究方面都有很高的成就，他逝世后人们为他立的墓碑上就刻着一个对数螺旋线的几何图案，用来纪念他的功绩。这位伟大学者精彩通俗的讲演把保罗·欧拉带进了奇妙的数学之门。

在父母怀抱中的小列昂纳德·欧拉听到的大多是各种各样的数学故事。小欧拉进入巴塞尔文科学校后，对那些枯燥的语言和神学课程一点儿也不感兴趣。而父亲保罗·欧拉讲的那些数学故事，什么龟兔赛跑、黄金分割等问题却把他的小脑瓜塞得满满的。他一有空闲就钻进父亲的书房，寻找父亲收藏的那些神秘的数学书。

有一天，小欧拉找到了一本厚厚的《代数学》，便兴致勃勃地读起来。这是16世纪德国著名数学家鲁道夫的著作。鲁道夫对代数方程很有研究，还把圆周率计算到小数点后35位。他去世后，人们根据他的遗嘱，在他的墓碑上刻上了他推算出的圆周率，那是一串长长的数字。然而，对于一个不满10岁的孩子来说，这本数学经典著作还是太深奥了。读不懂的地方，欧拉就画上记号，去向老师和其他大人请教。可大人们对这本大书也很陌生，常常回答不了欧拉提出的问题。后来，欧拉听说一位名叫约翰·伯克哈特的业余数学家很有学问，就带着《代数学》去拜访他。伯克哈特诧异地打量着这个站在台阶上的素不相识的男孩，问他有什么事，欧拉吃力地举起《代数学》，诚恳地说："先生，我想打扰您一下，这本书有几个地方我没看懂，您能给我指点一下吗？"伯克哈特几乎不敢相信自己的耳朵。他连忙把孩子带进书房，小心翼翼地考了他几个公式，这才确认：这孩子不是在开玩笑，他真的读过这部数学经典著作，而且，读懂了！

于是，伯克哈特与欧拉没多久就成了

欧拉一笔画

忘年交。每逢星期天,欧拉都要去伯克哈特家。这一老一少似乎有着无穷无尽的数学问题。3年过去了,欧拉在伯克哈特的指导下读完了《代数学》,做完了书中所有的习题。此外,他还阅读了伯克哈特向他推荐的其他几位数学家的著作。这些都为欧拉以后研究更高深的数学问题打下了坚实的基础。

1720年,欧拉13岁时,考上了瑞士办学历史最悠久的巴塞尔大学。这所大学建于1460年,与欧洲的巴黎大学、剑桥大学、牛津大学享有同样高的声誉。欧拉入学时,全校只有19名教授和100多名学生,这些教授都是博学多才的著名学者,而欧拉则是这所大学年龄最小的学生。

曾教过欧拉父亲的雅各布·伯努利教授在这里执教了30个春秋,直至病逝。接替他职务的是小他12岁的弟弟约翰·伯努利。约翰·伯努利曾以发现"黄金定理"和"伯努利级数"而名噪一时。

欧拉很快就成了约翰·伯努利最得意的门生。开始时,欧拉是伯努利教授为高材生开设的深奥的数学和物理讲座的最忠

实的听众,他总是早早就坐在第一排,聚精会神地听讲,认认真真地做笔记。当得知欧拉的父亲曾听过自己哥哥的讲座后,教授对这个机敏勤奋的孩子更热情了。教授邀请欧拉每周六到家中做客。从此,欧拉成了伯努利家中的常客。教授的两个儿子——尼古拉和丹尼尔,一个比欧拉大12岁,一个大7岁,在数学领域里都已锋芒初露。他们像亲哥哥一样,爱护和帮助欧拉这个小弟弟。伯努利越来越相信,这个孩子具有超乎常人的数学天赋,他必将成为前途无量的数学家。于是,在3年时间里,他指导欧拉掌握了通向数学前沿所必须具备的基础知识。

1722年,15岁的欧拉获得了巴塞尔大学的学士学位。第二年,他又顺利地通过了硕士学位论文答辩。1725年,18岁的欧

古代著名数学家欧几里德

欧拉对近代解析几何与三角学的贡献可以和欧几里德对古代几何学的贡献媲美。

拉在《博学者》杂志上发表了一篇关于等时曲线构造的论文。第二年，19岁的欧拉在弹道问题的研究中取得了重要进展，引起数学界前辈们的广泛关注。也是在这一年，欧拉收到了俄国彼得堡科学院的聘书，聘请他担任俄国科学院生理学助理院士。

1731年，年仅24岁的欧拉被任命为彼得堡科学院物理学部教授，领导物理学部的研究工作。

1733年，26岁的欧拉担任了彼得堡科学院数学部教授，并当选为彼得堡科学院院士。从此，欧拉开始了向科学顶峰的攀登。

☆蒸汽机的发明者——瓦特

瓦特像

瓦特生于1736年，卒于1819年。他是英国发明家，发明了世界上第一台单动式蒸汽机和联动式蒸汽机。

瓦特出生于苏格兰格林诺克市镇的一个工人家庭，父亲是一位技高艺精的工人，擅长机械修理和制作，在家乡经营了一个小作坊，专门制造和修理船上的仪器和装备，在当地颇有些名气。

小瓦特非常爱动脑子，还有一双特别敏锐的眼睛，因此他也有特别多的问题。生火、烧水、做饭，对这种司空见惯的事，人人看在眼里，却无人留意在心上，偏偏这些事在小瓦特那里出了"问题"。

有一天，他在厨房里看奶奶做饭，炉子上的一壶水烧开了，壶里冒出一股股水蒸气，还不断地发出"哧哧"的声响，壶盖也不停地上下跳动着。他目不转睛地盯着那跳动的壶盖和冒出的水蒸气，苦思冥想其中的奥秘，百思不得其解，就跑过去问奶奶："奶奶，壶盖为什么会上下跳动呢？"奶奶听了，不经意地回答说："水一开，壶盖就跳动了呗！""为什么水开了，壶盖就会跳动？究竟是什么东西推动的呢？"奶奶被孙子问住了，无言以对。

虚弱的身体令瓦特不得不退学在家，但在父母的支持下，他长期坚持自学，有计划地刻苦读书，15岁时就把《物理学原理》读得烂熟。他还经常随父亲到工厂学习机械制造技术，进行化学和电学实验。靠着虚心求学、刻苦钻研的精神，瓦特获得了丰富的木工、金属冶炼和加工等工艺技术，他已够得上一个技术工人的水平了。

瓦特17岁时，母亲去世了，父亲在商

业上也陷入困境，家庭经济状况日见窘迫，瓦特不得不开始独立谋生。他收拾了简单的行李，告别父亲，先到格拉斯哥当了一年的钟表修理工，然后又南下，来到繁华的伦敦，那里云集着全国优秀的器械制造者。这个在自己行李箱里只有一些简单工具和一件皮质围裙的穷小伙，奔波在伦敦的大街小巷，四处寻找着身怀绝技的师傅。在好心人的指点下，他找到了著名机械师摩根，虚心地拜他为师。

摩根看这个年轻人不错，所以非常愿意教他，本来要用7年才学会的技术，结果瓦特只用了4年的时间就学会了。

学到技术的瓦特回到了家乡，准备和父亲一块再重振家业，他们父子俩想筹办一个数学用具加工厂，但是许多亲戚和朋友以及同行们对此都不看好，加工厂没能办成，瓦特只好到格拉斯哥大学里去当一名仪器修理工。

在格拉斯哥大学里，瓦特有机会接触到许多科学家，一天瓦特站在开水房里发

蒸汽机的发明和应用给人类带来极大的便利

呆，一个戴着眼镜的教授走了进来，他居然一点也没有觉察。教授看这个年轻人傻乎乎的样子就问道："喂，年轻人，你在这里发什么愣？"

"唉，什么？哦，我……"

教授看这个年轻人十分可爱，于是又问道："你是哪一个班的？"

"我不是哪个班的，我是学校里专门修理仪表的工人，我是来修这个水压表的。"

"刚才我好像看见你看着热气发呆。"

"是的，我一直想研究这个东西。"

"如果有功夫你可以到我的实验室来看看。"

就这样瓦特便和大学里教热学的布莱特教授认识了，从此，瓦特便经常到布莱特教授那儿去，他从布莱特教授那里学到了很多科学理论，这对他日后改进蒸汽机有很大的帮助。

1764年的一天，学校派他去修理一台用于教学的纽科门蒸汽机，瓦特听到这个消息以后，高兴极了，在修理过程中他发现了纽科门蒸汽机的蒸汽缸非常小，但是炉子里发生的蒸汽却非常大，于是他把这个问题拿去向布莱特教授请教。

在布莱特教授的指点下，瓦特计算出了水变成蒸汽后体积就扩大了将近1800倍，根据这一计算，纽科门的蒸汽机完全可以把汽缸再制造大一些。

后来瓦特又把自己计算出来的结果拿去给布莱特教授看，布莱特肯定了瓦特的研究是正确的，在布莱特教授的鼓励下，

1767年瓦特发明的蒸汽机

他大胆地按自己的想法设计了一个蒸汽机的模型，但是要将这个模型变成一台真正的蒸汽机，以当时的经济条件实在太难，多次的努力都失败了，他的模型一放便是好几年，瓦特已经对这个想法失去信心了。

为了帮助瓦特，布莱特教授四处打听，最后终于找到了一位热心于技术开发的企业家罗巴克。罗巴克是一位专门开发煤矿的企业家，当他在布莱特教授的介绍下看了瓦特的蒸汽机后，就跟瓦特签订了共同开发新型蒸汽机的合同。但由于工艺技术的落后，瓦特的蒸汽机依旧没有制作成功，此时罗巴克因为考虑破费太大而拒绝合作。但另一位企业家博尔顿找到了瓦特，给了他经济支持。

经过3年多的反复试验，瓦特终于在1768年制造出真正能够运转的蒸汽机。第二年，他获得了发明的专利权。瓦特发明的新型蒸汽机，除了采用分离式冷凝器外，还对机油润滑、填料函、气缸绝热套等一系列进行改进和发明，它的耗煤量仅为纽科门蒸汽机的1/4，工作效率却大大提高。

1781年，瓦特提出5种将往复运动转变成旋转运动的方法，其中最有名的"行星齿轮结构"在后来的工业生产中得到广泛应用；1782年，瓦特获得了"双动作蒸汽机"的专利；1784年，瓦特在他的新专利中又提出了"平行连杆结构"的说法，这使蒸汽机具有了更广泛的实用性。1788年，瓦特又发明了离心调速器和节气阀；1790年，他又完成了气缸示功器的发明。至此，瓦特完成了对蒸汽机发明的全过程。

瓦特对蒸汽机的发明是第一次工业革命中划时代的重大事件。蒸汽机的广泛应用，使人类获得了空前强劲的、可被人类控制的动力资源，对社会经济的跨越性发展起了关键性作用。1807年，美国人富尔敦把瓦特的蒸汽机装在轮船上，宣告了航运帆船时代的终结。1814年，英国人史蒂芬把瓦特的蒸汽机装在火车上，开始了陆路运输的新时代。1785年，瓦特被选为

瓦特与妻儿（绘画）

伦敦皇家学会会员。1806年,他被授予格拉斯哥大学法学博士头衔。1814年,他被推荐为法兰西国家学会的会员。1819年8月25日,瓦特在家中安然去世,享年85岁。后人为了纪念他的伟大发明,把功率计算单位称为"瓦特"。

☆氧元素的发现者——拉瓦锡

拉瓦锡生于1743年,卒于1794年,是法国化学家。他推翻了统治百年的"燃素"说,割断了化学和金术的联系。

拉瓦锡出生于巴黎一个富裕的律师家庭。父亲虽然是法律工作者,但却有不少科学家朋友。5岁那年,拉瓦锡母亲因病去世,从此以后他在姨母的照料下生活。

拉瓦锡正在做实验(绘画)

11岁时,他进入当时巴黎的名牌学校——马沙兰学校,后升入法政大学,拉瓦锡21岁毕业,取得了律师从业资格。他的家庭打算让他继承父业成为一名律师,然而在大学里,拉瓦锡对自然科学产生了浓厚的兴趣。他最早感兴趣的是植物学,为了展开对植物学的研究,他经常上山去采集植物标本。拉瓦锡在野外工作的同时,又对气象学发生了兴趣,并且也学会了使用气压计,从此以后,他从未停止过对气象变化的记录。

拉瓦锡的父亲和亲友感觉到他对自然学科的浓厚兴趣,也就没有再勉强他做律师。拉瓦锡从21岁起就专门跟着地质学家葛太德从事地质学研究。很快,他们就得到了法国政府的资助,开始从事全国地质图的绘制工作。在地质老师的建议下,拉瓦锡又开始去学化学。当时在巴黎教化学的教师是鲁伊勒教授,他教课是很有名的。教授在巴黎讲课时,室内外挤满了听众,不仅有学化学的学生和药剂师,而且有许多社会名流,例如狄德罗和卢梭等人都来听他的报告。教授在报告里主要讲了当时的矿物学和矿物的化学作用。拉瓦锡很用心地听了鲁伊勒教授的报告,学到了许多化学知识。尽管拉瓦锡的大量工作是关于化学的,可是他一生从未放弃对矿物的研究。

拉瓦锡最早的一篇化学论文是关于石膏的研究。他分析了石膏的成分,指出这是硫酸和石灰化合而成的,他知道如果把石膏加热以后,就可以放出水蒸气。从这个时候开始,老师鲁伊勒开始使用"结晶水"这个名词了,拉瓦锡的论文也开始在科学院院报上发表。1766年,年仅23岁的拉瓦锡"关于城市照明问题"的论文荣获法国科学院金质奖,这次获奖给崭露头角的拉瓦锡以很大的鼓舞,使他更全身心地投入到科学研究的事业中,同时他的才华也开始引起科学界的关注。1772年,由于对矿物及"天然水"的研究卓有成果,拉瓦锡当选为科学院院士。拉瓦锡成为科学院的成员后,科学研究成为他生活的重要内容。

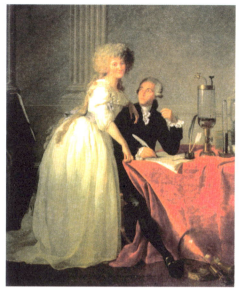

拉瓦锡夫妇

玛丽安·皮艾蕾特·保兹14岁嫁给拉瓦锡,成为他的私人助理。她翻译了普利斯特列和凯文迪许的重要论文,还为拉瓦锡的著作配上了有关化学仪器的插图。

拉瓦锡1772年所进行的达101天之久的"烧干了水不会变土"的实验,是人所共知的。通过这一实验,他推翻了物质不能互变的学说,并进一步证明了物质不灭的正确性。从1772年9月开始,拉瓦锡开始对燃烧现象进行研究。通过实验,他发现了一种新的元素,这种元素除了助燃、助呼吸外,还能与许多非金属物质结合生成各种酸,为此他把这种元素命名为酸素。现在氧元素的化学符

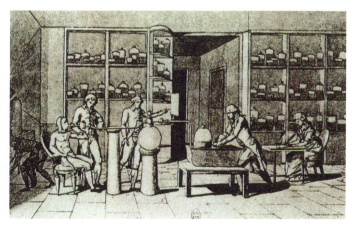

以绘画形式表现拉瓦锡在实验室忙碌的情景

号O就是来源于希腊文酸素：Oxygene。1778年，他又进一步提出，在任何情况下，燃烧过程中都是可燃物质与氧的化合，可燃物质在燃烧过程中吸收了氧而增重，所谓的燃素实际上是不存在的。拉瓦锡关于燃烧的氧化学说终于使人们认清了燃烧的本质，并从此取代了燃素学说，统一地解释了许多化学反应的实验事实，为化学发展奠定了重要的基础。根据氧化理论，1777年拉瓦锡发表论文，指出动物呼吸是吸入氧气，呼出碳酸气。他与法国科学家拉普拉斯合作，于1782年设计了冰的热量计，测定了一些物质的比热和潜热，同时证明动物的呼吸也属于一种燃烧现象。

1789年，拉瓦锡出版了《化学纲要》，这是他对近代化学发展的又一突出贡献。在这部著作中，拉瓦锡总结了化学研究的实践经验，发展了波义耳提出的元素概念，提出元素是化学分析到达的终点，即在当时用任何化学手段都不能分解的物质可称为元素。据此他还列出一张包括33种元素在内的分类表。现在看来，这张表虽然存在一些错误，但是它是世界公认的第一张真正的化学元素表。

☆ 电池的发明者——伏打

伏打像

伏打，即伏特，生于1745年，卒于1827年，是意大利物理学家。他发明了第一块电池，从而引发了一场化学革命。

1786年9月20日，伽伐尼做了这样一个实验：用铜钩勾住蛙腿，将它平放在玻璃板上，然后用一根细长的弯铁杆，一端接触铜钩，另一端接连蛙腿。他惊奇地发现蛙腿居然会颤动。

于是，伽伐尼断定：生物体内存在着电，即"生物电"。伽伐尼的演讲，博得了众多科学家的阵阵掌声。只有坐在前排的一位中年人，脸上露出"不敢苟同"的神色。他就是意大利帕维亚大学的教授亚历山大·伏打教授，伽伐尼的老乡。两年前，他被选为英国皇家学会会员。因此，他有资格参加这次伽伐尼的演讲会。

回到帕维亚大学后，伏打决心通过实验，揭开伽伐尼青蛙实验的奥秘。他一次次地重复做了伽伐尼的实验，结果证实伽伐尼所说的现象确实存在。但他总觉得伽伐尼的论点不太正确，可又找不到反对的实验证据，他感到十分困惑。

为了寻找一条探索的思路，伏打一头钻进图书馆，潜心翻阅着一本本书。突然，一本德国科学家的实验报告汇编引起了他的注意。他发现这本书中记载了一个叫兹路扎的科学家在1750年左右做的一个实验。

兹路扎在实验报告中说:把两块不同的金属分别夹在舌尖的上下,然后用一根金属导线连接两块金属板,此时,舌头上会有一种酸的感觉。如果用两块相同的金属片夹在舌尖上下,就没有这种感觉。伏打看完这个实验报告,欣喜若狂地叫起来:"我找到突破口了!"

回到实验室后,伏打马上找来一块薄锡片和一枚新银币,并用一根导线将它们连接起来。果然,他的舌头出现了麻木的感觉。伏打对助手说:"这是触电的感觉,导线中肯定有电流通过。"伏打决定绕过困扰了他多年的伽伐尼青蛙实验,而沿着兹路扎的实验的路子探索下去。他觉得眼前豁然开朗了。

伏打电池

伏打意识到持续产生电流需要能量来源,但他没有能正确认识到这种能源来源——"伏打堆"里发生的化学变化。

伏打发现,不但单独使用锡片或银币在口腔里做这个实验时,没有触电的感觉,而且将锡片和银片连接后放在清水中做实验时,也没有任何感觉。这是什么原因呢?伏打最终推测可能是口腔中含有稀酸的缘故。

根据这个推测,伏打改用稀酸做兹路扎实验。果然,他发现有麻木的感觉。至此,伽伐尼的青蛙实验观点已不攻自破了。稀酸实验的成功,给伏打以极大的信心。他决定生产一种能产生和储存电能的装置。

伏打和他的助手,用台钳和剪子加工了一块较大的银片和锌片,并用一根导线将它们连接起来,然后在两块金属片中间做一个夹层。接着,又用两根导线连接锌片和银片,作为两极。最后,把这个装置放入装有稀酸的溶液中。伏打用手触摸导线,感到一阵麻木,手发生强烈的痉挛。

"我触电了,我们成功啦!"伏打万分欣喜。

然而,新装置给伏打带来的欢喜只是短暂的。不久,这个"宝贝"就没有电输出了。伏打明白了,这是储存电能太少的缘故。他决定做一个储存电能多一些的装置。

1799年,伏打按照自己的设计,加工了一批铜片和锌片,制作了一些浸酸液片。然后,在容器里先放上一个铜片,再放一块浸酸液片,再放一块锌,再放一铜片……按这顺序排列,他把几十片金属叠成了一个圆柱。最后,用导线将所有的铜片和锌片分别连接起来。伏打期待着强大电流的产生。然而,出乎伏打意料的是,这个装置所产生的电能并不很多。并且金属堆得过高,酸液就会外溢。

伏打又提出新的方案,他把几个装有稀酸的杯子排在一起,然后在每个杯子中装一块锌片和一块铜片,并将前一个杯子中的铜片和后一个杯子里的锌片用导线连接。最后,两端用导线接出。伏打用手指捏住两端导线。他不仅感到手麻木,而且身上也有这种麻木的感觉。这说明新的电源装置产生了相当大的电压。

伏打高兴地说:"我们终于发明了很实用的储存电源装置。"

"把这宝贝叫做'伏打电堆'吧!"伏

伏打正在向拿破仑演示电池的效应(绘画)

打的助手们建议。

于是,"伏打电堆"作为最早的干电池,传遍世界各地,引发了一场电学革命。后来,人们把它称为"伏打电池"。

☆征服天花病的伟人——琴纳

琴纳像

琴纳生于1749年,卒于1823年。他是英国医学家,牛痘接种法的发明者,应用免疫法为人类消灭传染病的奠基人,为人类健康做出杰出了贡献。

1979年10月26日,是值得人类共同庆祝的盛大节日。这一天,世界卫生组织宣布人类历史上最后一名天花病患者,来自"非洲之角"索马里的牧民阿里·毛·马林,在1977年被彻底治愈了。从此,天花这一肆虐了几千年的顽疾终于被人类彻底征服了。天花是最早被人类文字记载的烈性病毒性传染病。英国女王玛丽二世、法国国王路易十五、中国清朝顺治皇帝都死于这种病症。天花病毒能在患者体内潜伏很长时间,即使患者死亡,病毒也能在干燥的尘土中继续存活数月。18世纪时,天花在欧洲通过

琴纳在给孩子注射天花疫苗(油画)

洗衣房的传染,导致了6000万人死亡的悲剧。在人类征服天花病的历史上,琴纳无疑是最大的功臣。

琴纳12岁时给一个外科医生当学徒,后来又跟随当时最著名的医学家约翰·亨特学习医术,亨特的精湛医术和勇于献身的精神对琴纳后来的职业生涯产生了很大的影响。26岁时,琴纳在家乡当了一名乡村医生,一边行医,一边研究治疗天花病的方法。他在调查中发现,虽然几乎每家都有人死于天花,但养牛场的牛奶工却很少有人患上这种疾病。琴纳通过进一步研究发现:牛的皮肤上会出现一些叫牛痘的小脓疱,挤奶工给患牛痘的牛挤奶,也会被传染牛痘,但很轻微,病愈之后,就不会再得天花病。琴纳萌生了这样一种想法:如果这个发现正确的话,就可以给人接种牛痘,使他们获得对天花病的免疫力。

1796年5月的一天,琴纳从一位挤奶姑娘的手上取了微量牛痘疫苗,接种到一个8岁男孩的胳膊上。果然,男孩得了牛痘,但不久就痊愈了。几周后,琴纳又给这个男孩接种天花,男孩竟没有出现任何天花病症。试验证明,这个男孩已经具有了抵抗天花的免疫力,琴纳的假设被证实了。他为搞清这个男孩还会不会得天花,又把天花病人的脓液移植到他肩膀上,事实证明,这个男孩没有再得天花。人类从此获得了抵御天花的有效武器。

琴纳经过更深入的调查研究,将结果写成一本书,于1798年出版。此后他又接连发表了5篇有关牛痘的文章,把自己所有的时间都用在这项技术的传播和推广之上。几年后,牛痘的应用很快在英国传播开来,不久英国的陆军和海军规定必须接种牛痘,最后世界上大部分地区都采用了牛痘接种法。英国议会分别于1802年和1807年奖励了琴纳1万和2万英镑,并在伦敦建立了新的研究机构——皇家琴纳学会,由琴纳担任首任主席。

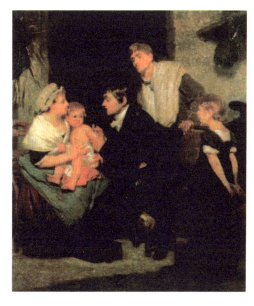

19世纪的医生为孩子种痘(油画)

在牛痘接种术发明之前，欧洲人广泛采用源自中国的人痘接种术来对付天花，具体做法是将天花患者的痘粒脓浆或痘痂粉末作为接种材料，吹入未患者鼻腔内以引发局部性痘疹，从而获得对天花的免疫力。但这种方法并不安全，它不仅会在患者脸上留下疤痕，还会使患者丧失对其他病毒的免疫力。琴纳决心寻找更安全有效的办法，最终发展和推广了牛痘接种技术。

表现琴纳为孩子接种牛痘的塑像

☆轮船之父——富尔顿

富尔顿像

富尔顿是美国发明家，于1807年发明了新型水上运输工具——轮船，从此人类迎来了水上航行的机械化时代。

1775年的一天，美国宾夕法尼亚州开斯特县的一条大河上，有一群孩子划着小船去郊外钓鱼。这些孩子都来自附近农庄，他们的父母大都是在欧洲无法谋生，才来到这个新大陆垦荒。生活的艰苦早早锻炼了他们，使他们有一股天不怕地不怕的勇气。他们嘻嘻哈哈，把船划得越来越远。

真是天公不作美，当他们刚刚尽兴，打算回家的时候，天气突然变了，河面上狂风大作，掀起一阵阵巨浪，似乎想把这条小船掀翻。小伙伴们并没有惊慌，他们拿起一切可以当桨的东西，喊着号子，拼命地划着，好不容易才划回了家。一天的高兴都被疲备和紧张冲个精光，回家的路上，他们连步子都迈不动了。

在这一群孩子当中，最小的一位是10岁的富尔顿。富尔顿的父亲本来是苏格兰的穷裁缝，来到宾夕法尼亚州后，以开垦荒地勉强打发一家人的生活。父亲常常给富尔顿讲自己渡海来新大陆的故事，讲帆船如何在大海的波涛里颠簸，九死一生才能在美洲登陆，富尔顿当时还半信半疑。今天，他在风浪里拼命划着船板的时候，心里不由得想起了父亲讲的那些故事。他年幼的心灵萌发了一个念头，今后，我一定要造出一艘大船，它不怕任何风浪，穿行在大河上，横渡各大洋。

之后富尔顿在珠宝商那儿当过学徒，以后又学会了画画，成为一名年轻的画师，并为著名的学者富兰克林画过肖像。但是，他从来没有忘记过自己曾经的梦想，在画画之外，常常会搞一点小小的发明。

21岁的时候，富尔顿来到了英国，他以画画为生，同时广泛接触英国那些著名的工程师。在一次偶然的机会中，他得以结识大名鼎鼎的发明家瓦特。交谈之中，富尔顿毫不羞涩地向这位比自己长30岁的前辈道出了自己童年的梦想，不料他幼稚的想法却大得瓦特的赏识，并建议他在船上采用蒸汽发动机作为动力，这样就可以不受风力的影响，风平浪静时可以继续前进，风浪大时也能劈波斩浪。

从此，富尔顿开始研制轮船的制作。他到过法国，造过可以潜水的船，还向拿破仑建议过造轮船，但是没有被采纳，他只得回到英国，继续他的试验。

1802年，富尔顿的第一艘轮船终于在塞纳河下水试航了。他在木质轮船的中央安置了一台蒸汽机，但是船速不快，基本上跟岸上的行人差不多。

早期的轮船

而且，富尔顿用的蒸汽机太重了，发动起来声音特别大，震得厉害。当天的风浪又很大，水轮转动得十分吃力。没开出几里路，木制的船体便被压断了，从中间折成两截，迅速地沉入了塞纳河。3年的心血毁于一旦，英国的合伙人也从此撤回自己的支持，富尔顿只得回到了美国。

失败并没有改变富尔顿制造轮船的决心，他一边寻找新的合伙人，一边研究改进轮船的办法。他有幸找到一位富有的农场主列文斯顿，列文斯顿自己也热衷于发明创造，他一眼看出富尔顿发明轮船的意义，决定大力支持富尔顿的事业。

另一方面，富尔顿也修改了自己的设计，解决了船的吨位与动力的比例问题。他吸取英国塞纳河上失败的教训，决定试用钢铁代替木质船体。铁板船体不仅大大提高了船的排水量，而且能更好地适应蒸汽机的运作，更好地把动力传导给水轮。

1807年，富尔顿的第二艘轮船克莱蒙特号终于在纽约市哈德逊河下水了。它长150英尺，宽30英尺，排水量达到100吨，船上的轮机全部由富尔顿设计，它的核心动力蒸汽机则是由瓦特亲自制造的。富尔顿亲自操纵克莱蒙特号行进在风和日丽的哈德逊河上，从纽约到奥尔巴尼只用了32个小时，比帆船快了许多。富尔顿的理想终于第一次获得成功。富尔顿名声大振，他忙得不可开交，为各地制造轮船。

克莱蒙特号跟第一艘轮船一样，采用明轮推进，好比一辆在河上飞奔的马车。

明轮又大又笨，推动它要耗费很大的动力，而且它的转动还会影响船体的平稳。富尔顿听取了同行们的意见，把由明轮推进的系统改变成由螺旋桨推进，这一下，行船更稳定了，船速也提高了许多。富尔顿使轮船的航行能力得到了大幅度提高，在轮船的发展史上又迈出了重要的一步。

早期的蒸汽船

在有生之年，富尔顿一共建造了十几艘各式各样的蒸汽机轮船，还为美国造出了第一艘蒸汽战船。美国是一个大洋彼岸的国家，它与欧洲的联系全靠海上运输。在过去，越洋航行是一种既费时又冒风险的事业，自从富士顿发明了轮船，便降低了海运的危险，也缩短了航行日程，更拉近了大洋彼岸的距离。

一位从苦难中长大的孩子，凭着自己坚强的意志，终于为航海事业写下了光辉的一笔。

☆色盲症的发现者——道尔顿

道尔顿像

道尔顿生于1766年，卒于1844年。他是英国著名化学家、物理学家。1803年，他提出最初的原子量表；1808年发表"原子学说"。此外，他还发现了色盲症。

1794年，28岁的英国科学家道尔顿为了庆贺母亲的生日，特地抽时间走进百货公司。他想为母亲选购一件称心如意的礼物，尽尽孝心。

百货公司里琳琅满目的商品，让人目不暇接，难于选择。道尔顿走过来，看过去，好不容易才看中一双高级丝袜。这双袜子质地极其柔软，光泽、式样、做工都让人满意，特别是那深蓝的颜色，非常适合老年人穿，显得十分雅致、大方、古典。

在母亲的寿宴上，道尔顿恭恭敬敬地献上他精心挑选的礼物，他对母亲说："妈妈，希望您能喜欢这双袜子。"望着这位孝顺的儿子，老太太满脸喜悦地接过袜子。她仔细端详一番后，宽容地微笑着说："傻孩子，这么鲜艳的色彩，我这么大年纪怎么能穿得出去呢？"道尔顿不解地望着母亲，急切地说："妈妈，这深蓝色的袜子不正适合您这年龄吗？"

"什么？深蓝色？哈哈哈……"

老太太和一起前来祝贺的客人们哄堂大笑起来，都以为道尔顿在开玩笑。

这时，道尔顿的哥哥也挤进人群，拿过袜子说："你们笑什么？这真是深蓝色的袜子啊！""哈哈哈！"又一阵开心的大笑。道尔顿兄弟简直被人们笑糊涂了。

妈妈止住了笑，亲切地问道："孩子，这双袜子明明是鲜艳的红色，就跟红玫瑰一样，你们俩怎么说是蓝色的呢？"

这下可真把道尔顿给问愣住了，他母亲郑重其事的神情，不像在开玩笑。他赶紧用力揉了揉自己的眼睛，可他看到的仍然是一双蓝色的丝袜。怪了！科学家的直觉和理性告诉道尔顿，这里面一定有问题！一定要弄它个水落石出。就在这时，儿时的一桩往事也涌上心头。

那一年，道尔顿与失学的少年朋友一同到郊外玩，碰巧看见一队步伐整齐的士兵走过。这时，身边的一位男孩忍不住说："多么鲜艳的红色军装，真帅！"

"什么？你怎么连颜色都分不清楚，明明是草绿色的军装嘛！"道尔顿马上指出同伴的错误。可是，他的话却引来了小伙伴们忍俊不禁的笑声，窘迫的小道尔顿感到十分纳闷。

这时的道尔顿更加坚定了，这里面一定有问题。于是他决定暂时放下手中正在进行的化学实验，对这一怪异现象进行研究。经过一段时间的努力，终于证实自己和哥哥都因隔代遗传的影响，患有一种先天性的眼科疾病，这种疾病不痛不痒，只是对某些颜色分辨不清，以致有的人根本不知道自己的眼睛不正常。有着严谨科学态度的道尔顿，又用各种颜色的方块进行了几十种试验，他请人帮忙把方块按各种不同颜色顺序排列起来，分别记下它们的颜色，然后在他的学生中间进行实验。他终于查明，有的学生根本就不能分辨颜色，有的学生往往认错某几种颜色。善于捕捉科学现象的道尔顿成功地向社会公布了他的研究成果，并将这种眼病叫做"色盲"。他的发现引起了社会上的广泛关注，为了表彰他的研究成果，英国还将他所发现的色盲症称作"道尔顿症"。

我们知道，世界上所有的颜色，都由红、黄、蓝3种颜色调合而成。而在人的视觉器官中，有感受这3种颜色的特别装置，三者缺一不可。如果感受红色的特别装置缺失，人眼就看不到红色，医学上称"红色盲"；同样，有人患有"黄色盲"或"蓝色盲"，也有人同时看不见红黄色，称作"红黄色盲"。

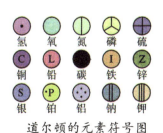

道尔顿的元素符号图

☆数学王子——高斯

高斯像

高斯生于1777年，卒于1855年，是近代数学的奠基者之一，人们往往把他和阿基米德、欧拉、牛顿一起称为世界上最伟大的数学家。

高斯出身于德国布什瑞克一个贫苦之家，父亲是个泥瓦匠，经常给别人打短工，辛辛苦苦挣点钱来养活家小。高斯天生聪明，在童年时就表现出超凡的智慧，总是对周围世界充满好奇，无数个"为什么"充斥在他的脑海，他总是不停地向父亲问这问那。父亲对那些千奇百怪的问题既解答不了，也不屑于解答，他认为对穷人来说只要凭力气干活，学问这种"劳什子"既不管吃，也不管喝，什么用处也没有。他希望儿子跟自己学个瓦匠手艺，日后好挣口饭吃。幸运的是，高斯的母亲贤惠而有见识，她非常重视儿子的才华，极力鼓励高斯探索世界奥秘的热情，殷切希望他好好读书，日后成就一番大事业，不希望他重复父辈的人生之路。

高斯进了小学，成绩在班上名列前茅。8岁时，从城里来了位数学教师名叫布特纳，他来乡下教这些衣不蔽体、食不果腹，脸和手都脏兮兮的穷人家孩子，总是觉得没劲。他还有个偏见，认为穷孩子也是愚蠢的，因此，他从不把这些渴望知识、淳朴憨厚的孩子放在眼里。但是高斯表现出来的数学天赋，使得他彻底改变了以前的教学态度。

布特纳从城里买来最新的算术书籍送给高斯，并诚恳地对他说："你已经超过了我，我再也没有什么可以教给你的了。所以，你必须继续深造。否则，就是对你才华的浪费。"高斯一听，有些不知所措。老师便直接找到高斯的父亲，热情洋溢地夸奖了高斯的数学才华，极力劝说他要继续为高斯的深造提供保障。父亲愁眉苦脸地说："家里都快揭不开锅了，我想让孩子当个帮手，也好减轻家里的负担。再说了，整天在纸上又写又画的，能当饭吃吗？"母亲则坚决站在老师的一边，对自己的儿子充满了信心。大家商量来商量去，最后找出了一个比较可行的方法，那就是找个有钱的人来赞助高斯求学。

14岁那年，经过好心人的多方举荐，布伦斯维克公爵费迪南做了高斯的资助人，解除了他学习费用的后顾之忧，高斯的学业从此一帆风顺，突飞猛进。

在当时，天文学界发现，火星和木星间存在着庞大的间隙。为什么会是这样的呢？天文学家预测火星和木星间应该还存在尚未被发现的行星。1801年的元旦，意大利天文学家皮亚齐在观测天体时，偶然发现在火星和木星之间出现了一位"新朋友"——有颗"没有尾巴的彗星"似乎在向着太阳的方向运行，这个陌生的面孔，后来被命名为"谷神星"。一石激起千层浪。天文学家们为此争论不休，他们各执己见。

就在皮亚齐忙得团团转的时候，有人向24岁的高斯求援，这个捉摸不定的星体运行轨迹的问题诱发了高斯极大的兴趣。他坚信：浩瀚的宇宙同样服从数学规律，运用数学的方法完全可以推算出那颗星的运行轨迹。高度抽象的数学经过高斯的运用，便具有艺术性和实用性了。他只做了3次天象观测，便进入数学演算过程。在几个星期内，他足不出户，经过大量的计算，使用了他在1794年创造的"最小二乘法"，发现了一种计算轨道参数的方法，这就是所谓的"行星椭圆法"，很快就测算出了那颗星星的运行轨迹，明确地指出那是一颗小行星，而非彗星。仅仅观测3次，就能预测天体的运行轨道，这也太神了吧！有人怀疑，有人嫉妒，有人嘲讽，甚至还有人等着看笑话。

风言风语传到高斯的耳朵里，他既不恼怒，也不惊慌，坚定地说："科学原理反映的是自然界的普遍规律，如若不信，请利用这种方法，继续观测。到时候，孰是孰非，自当真相大白。"

1801年末和1802年初，天文学家们使用"最小二乘法"和"行星椭圆法"，准确无误地再次确定了谷神星的位置，轻而易举地重新找到了这颗小行星。

1802年，根据"最小二乘法"，高斯又准确预测了小行星二号——"智神星"的位置。在这以后，几乎所有的小行星轨道都是用这种方法推算出来的。

高斯的理论，一次次得到了验证，这使得他声名远扬，誉满全球。格廷根天文台向他发出了热情的邀请。1807年，高斯前往格廷根大学，回到母校就任数学、天文学教授和天文台台长，一直到他去世。

☆ 电报之父——莫尔斯

莫尔斯生于1791年，卒于1872年。他是美国发明家，电报之父。电报的发明，为人类生活和生产提供了便利，是人类通讯史上的一次大的飞跃。

画家莫尔斯1832年秋搭乘"萨里号"邮轮返回美国。在漫长而单调的海上旅行中，莫尔斯结识了一个叫杰克逊的年轻人。杰克逊是波士顿城的一位医生，也是一位电学博士。此次他是在巴黎出席电学研讨会之后回国的。闲聊中，杰克逊拿出一块马蹄形铁块，上面有绝缘铜丝。他让铜丝通上电，那铁块仿佛有一股无形的力量立

莫尔斯在进行电报研究

即将铁钉吸了过去，再一断电，吸力马上就消失了，铁钉随即掉落下来。

"这真是太神奇了！"莫尔斯不禁感叹道。杰克逊告诉他这叫电磁感应现象，还向他介绍了许多电的传递等方面的知识。

莫尔斯完全被电迷住了，他连续失眠了几个晚上。莫尔斯想："电的传递速度那么快，能够在一瞬间传到千里之外，加上电磁铁在有电和没有电时能作出不同的反应。如果利用它的这种特性不就可以传递信息了吗？"

在经过仔细思考之后，莫尔斯这位颇有成就的绘画教授决定放弃他的绘画，发明一种用电传信的方法——电报。

回到美国，莫尔斯就迫不及待地开始着手研究这个问题。没有电学知识，他便如饥似渴地学习。遇到一些不懂的问题，便向大电学家斯特尼请教。他的画室也成了电学试验室。画架、画笔、石膏像等都被堆在了角落，电池、电线以及各种工具成了"主角"。渐渐地，莫尔斯就掌握了电磁的基本知识。他开始正式向电报发起冲击！

莫尔斯从有关资料中得知，在他之前，早就有人设想用电传递信息。早在1753年，当时人类对电的认识还是处在静电感应时代，一位叫摩立孙的电学家，就曾做过这样一个试验：架设26根导线，每根导线代表一个字母。这样，当导线通电时，在导线的另一端，相应的纸条就被吸引，并记下这个字母。当时由于电源问题没有解决，因此摩立孙的实验未能进一步深入。

3年过去了，莫尔斯不知做过多少次实验，可每一次都是以失败告终。他的积蓄也全部用完了，生活十分贫困。为了维持生活，莫尔斯于1836年不得不重操旧业，担任纽约大学艺术及设计教授。课余时间，他仍然继续从事电报发明工作。

莫尔斯电码练习器

莫尔斯电报机电键

此时的莫尔斯也开始反思自己失败的原因。他想到：在他之前的科学家，往往是为了表达26个字母而设计了极为复杂的设备，而复杂的设备制作起来又谈何容易。他意识到，必须把26个字母的信息传递方法加以简化，这样电报机的结构才会简单一些。于是，他在科学笔记中写道：电流是神速的，如果它能不停顿地走10英里，我就让它走遍全世界。电流只要截止片刻，就会出现火花；没有火花是另一种符号；没有火花的时间长些又是一种符号。这里有3种符号可以组合起来，代表数字和字母。它们可以构成全部字母，文字就能够通过导线传递了。那么，在远处能记录消息的崭新工具就能实现了！那么，用什么符号来代替26个英文字母呢？

莫尔斯陷入苦苦的思索之中。

莫尔斯每天都趴在桌上不停地画着，他画了许多符号：点、横线、曲线、正方形、三角形……最后，他决定用点、横线和空白共同承担起发报机的信息传递任务。他为每一个英文字母和阿拉伯数字设计出代表符号，这些代表符号由不同的点、横线和空白组成。这是电信史上最早的编码，后人称它为"莫尔斯电码"。

有了电码，莫尔斯马上开始研制电报。他在极度贫困的状态下进行研制工作，终于在1837年9月4日，莫尔斯制造出了一台电报机。它的发报装置很简单，仅由电键和一组电池组成。按下电键，便有电流通过。按的时间短促表示点信号，按的时间长些表示横线信号。它的收报机装置较复杂，是由一只电磁铁及有关附件组成。当有电流通过时，电磁铁便产生磁性，这时由电磁铁控制的笔也就在纸上记录下点或横线。这台发报机的有效工作距离为500米。后来，莫尔斯又对这台发报机进行了改进。

第一次电报试验是在华盛顿国会大厦联邦最高法院会议厅里隆重举行的。1844年5月24日，年过半百的莫尔斯在预先约定的时间，兴奋地向巴尔的摩发出人类历史上第一份电报。

电报的发明，揭开了人类电信史上新的一页。

☆揭开电磁本质的装订工——法拉第

法拉第像

法拉第生于1791年，卒于1867年，是英国著名物理学家、化学家。由于他在电磁领域的贡献，使得以后电灯、电话等电气化产品的产生成为可能。

法拉第出生在英国伦敦一个贫穷的铁匠家里，法拉第的家庭一度沦为靠领取救济粮来维持生活，而每星期所分到的救济粮，轮到法拉第头上的实际只是一块不大的面包。一个蹦蹦跳跳、正值发育期的9岁男孩，一顿就可以把这样的一块面包吃完。因此，母亲不得不含泪把面包小心地切成14块薄片，以凄苦的双眼直盯着法拉第一再叮嘱："孩子，每天早晨吃一片，下午吃一片，不能多吃，吃完可就没有了。"面黄肌瘦的法拉第望着可怜的母亲认真地点了点头，他想到病中的父亲为了全家的生计还得挥着铁锤干活，想到幼小的妹妹也在忍饥挨饿，他强忍着泪水，响亮地回答："妈妈，我不会多吃的，你放心吧，儿子已经懂事了！"母亲瞧着儿子那强作笑颜的样子，哽咽着说不下去了。

父亲坚持让法拉第上学，希望他日后能过上好日子，可是只上了两年小学，家里就再没有能力支持他了。

为了生活，13岁的法拉第到一家书店里去当了一名送取报纸的报童，这是一份不管刮风下雨都得穿街走巷的辛苦工作。

有一年的冬天雪下得特别的大，路上的没有一辆马车也没有一个行人，可是法拉第还得去给那些躲在家里避寒的人送报纸。本来就穿得少的法拉第冻得全身发抖，在一个路口他终于被冻得再也走不动了，脚麻木得一点也不听使唤。这时有一个老头背着一大包报纸走了过来，他看着发抖的法拉第，忙把他带到一个还开着门的商店里去。

从此以后法拉第便跟这位送报的摩西斯老爷爷成了好朋友。摩西斯老爷爷一个人住在一个很破旧的木屋子里，木屋里虽然没有什么多余的摆设，但却有许多破旧的藏书。原来摩西斯老爷爷是一位读过书的老人，所以他租下这个木屋，靠给别人送报挣钱谋生。

每天送完报纸以后，法拉第来到摩西斯老爷爷的小木屋里，摩西斯老爷爷就会给他讲一个故事，然后借一本书给法拉第回去看，渐渐地法拉第几乎把摩西斯老爷爷的藏书看得差不多了。

有一天,法拉第在摩西斯老爷爷的藏书里发现了一本又厚又大的《大英百科全书》,法拉第在这一本书里读到了有关电学的知识,从此以后,法拉第便对电学产生了浓厚的兴趣。

正当他对电学产生兴趣的时候,法拉第被书店的装订厂看中,成了装订工。

当了装订工的法拉第便有机会读到新书了。有一天,装订厂装订了一本《电学知识》,装订完这本书以后,法拉第便认真地阅读起来,他还根据书上讲的知识,做了一些实验。

法拉第周围的人都知道他是一个勤学而又热爱电学的人。有一天,一位皇家学会的会员来到书店里买书,听说这里有一位热爱图书的人以后,便要求见一见这一位小伙子。他见了法拉第以后,觉得这位小伙子不错,于是他给了法拉第一张戴维教授化学演讲的入场券。

法拉第认真地听了戴维教授的四次演讲,他仔细地把笔记整理好并配上了插图,寄给了戴维教授。戴维教授看了法拉第的笔记和信以后,被这位年轻的小伙子强烈的求知欲和认真的精神感动了。于是,戴维教授便向皇家学院推荐法拉第做自己的助手。

1813年,戴维去欧洲大陆游历,法拉第作为助理随行。这次旅游持续了18个月,法拉第遇见了许多著名的科学家,如安培、伏特等,并深受他们的影响。返回伦敦后,法拉第开始了自己的研究工作,他只要听完教授们的演讲,就马上实地试验,并分门别类地做了详细的实验笔记,到1860年前后,法拉第的研究活动结束时,他的实验笔记已达到16000多条,他仔细地依次编号,分订成许多卷,这些笔记以及其他在装订成书前后的几百条笔记已编成书分卷出版,其中最著名的就是《电学实验研究》。

在1830年以前,法拉第主要是一位化学家,那时他已成为很有成就的专业分析化学和实验顾问,他把自己的丰富经验总结为一本600多页的巨著《化学操作》,于1827年出版。

法拉第成就最大的时期是1830年至1839年,对现代电学的发现做出了杰出贡献。1831年年底,经过10年的苦思冥想,法拉第正确阐释了电的本质,提出了电磁感应定律,并发明了一种电磁电流发生器,

图为法拉第在皇家研究院工作的情景。虽然没有受过正规教育并且对数学一无所知,但法拉第在此奠定了电磁学研究的基础。

也就是最原始的发电机，从而奠定了未来电力工业的基础。

法拉第也是电磁场理论的奠基人。爱因斯坦曾指出，"电磁场"的思想是法拉第最富有创造性的思想，是自牛顿以来最重要的发现，麦克斯韦正是继承和发展了法拉第的电磁场的思想，为之找到了完美的数学表达形式从而建立了电磁场理论。在电与磁的统一性被证实之后，法拉第决心寻找光与电磁现象的联系。

1846 年他发表了《关于光振动的想法》一文，最早提出了光的电磁本质的思想。他曾设计并做过许多实验，试图发现重力和电的关系，寻找磁场对光源所发射光谱线的影响，寻找电对光的作用等等。由于实验条件所限，研究未获成功，但他的思想和观点完全正确，均为后人所做的实

法拉第线圈

验证实。

1867 年，法拉第平静地离开人世，享年 76 岁。亲人按照他的遗愿给他举行了简单的葬礼，他的墓碑上面刻着三行字：迈克尔·法拉第／生于 1791 年 9 月 22 日／死于 1867 年 8 月 25 日。

☆生物进化论的奠基人——达尔文

达尔文像

达尔文生于 1809 年，卒于 1882 年。是著名的英国博物学家和生物学家，进化论的奠基者。他在进化论、人类学和地质学方面的研究成果，对人类起源学说颇有建树，对于打破神学论起了不可估量的作用。

达尔文出生在英国塞文河畔希鲁兹伯市的一个富裕的家庭。达尔文的成功很大程度上跟家庭因素有关，他的祖父和外祖父都是当时英国知名的人士，祖父是一位

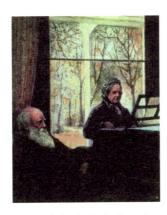

达尔文与妻子一起
从事科学研究

博物学家,对动物、植物、矿物、地质都
有很深的研究。同时祖父还是一位发明
家、哲学家、诗人和医生。而外祖父却以
研制具有英国独特风格的奶油色瓷器而闻
名于世。

达尔文的父亲在当时是一位有名的
医生,19岁时就获得了医学博士学位,母
亲虽然出身于名门,但自从嫁给达尔文的
父亲以后,便心甘情愿地做起了家庭主妇。
达尔文在家排列第五,从小受妈妈的教育
很多,妈妈常常带着他和妹妹到河畔散步,
让他们接触大自然。

在妈妈的介绍下,达尔文知道了大
自然里有鲜花、小草、大树、蜻蜓、蜜蜂、
蚂蚁……每当他们散完步回到家里以后,
妈妈总是会教他们写这些字,达尔文非常
热爱大自然。

8岁那年,父亲把达尔文送进了学校,
老师总是教他们读枯燥无味的《圣经》,达
尔文对此厌烦极了。于是他给祖父写了一

封信,他告诉祖父非常想看他的有关植物
和动物方面知识的书。达尔文的祖父收到
这封信以后,便叫人送了一些书给达尔文,
在祖父的支持下达尔文读了许多自然科学
的书籍。

因为这些书,达尔文对大自然更是迷
恋了,他经常利用课余时间去捉昆虫,收集
各种各样的矿石。由于对《圣经》不感兴
趣,达尔文的学习成绩很差,后来父亲只好
把他转到了一所纪律比较严格的文法中学
里去读书。

上了中学的达尔文胆子更大了,他常
常独自一个人来到森林里听各种鸟儿鸣
叫,还把这些鸟的叫声记录下来。

在文法中学,达尔文的学习成绩仍然
不见好转,这时候,父亲决定送他去学医。
可是达尔文对医学一点兴趣也没有,他要

达尔文当年保存的标本化石

95

求父亲送他去学植物学和动物学。懂得医学的父亲没有同意达尔文的要求。

1825年,达尔文离开家乡,进入了爱丁堡大学医学院。进了医学院的达尔文仍然热爱动植物学,他继续对动植物进行研究。他经常和好朋友们出外旅游,在旅游中收集大量的标本。在爱丁堡大学里达尔文仍然不好好学习专业课,他的父亲知道这个消息以后,把达尔文叫回了家。当着兄弟姐妹们的面,父亲生气地教训了达尔文:"你成天游手好闲,东游西逛,你为什么不好好学医,把我这个事业接下来呢?"

"爸爸,我在学校里一点也不游手好闲,我不管什么时候,都比别的同学忙,我不想学医,那是因为我一点也不喜欢它。"

兄弟姐妹们也七嘴八舌地帮着达尔文说话,父亲没有办法,但也不让步。他给达尔文请来一位家庭老师,让达尔文补习拉丁文,准备考剑桥大学的基督学院。因为父亲希望达尔文能选择一个好的职业,以后有较高的收入。

1831年的夏天,达尔文完成了剑桥大学三年的学习生活回到了家乡。一天,正在花园里散步的他收到了亨斯罗教授的一封来信,信中说,有一艘叫做"贝格尔号"的船要出海去航行,舰长很想找一位愿意自费出航的自然科学家出海考察。如果达尔文愿意去的话请他与贝格尔号的舰长联系。

那年12月,达尔文终于以"博物学家"的身份,自费搭船,踏上了贝格尔号军舰,开始了为期5年的漫长而又艰苦的环球考察旅行。正是这次考察让达尔文为他的生物进化理论找到了充分的科学证据,它成了达尔文一生的转折点。

冬去春来,达尔文饱览了自然风光,穿越了大西洋、太平洋、印度洋。

达尔文每到一地便要进行认真的考察研究,采访当地居民,并请他们当向导,跋山涉水采集矿物和动植物标本,挖掘生物化石,许多从前没有记载的新物种被一一发现。他白天收集谷类岩石标本、动物化石,晚上及时记录收集经过。

在整个考察过程中,达尔文长期思考着一个问题:自然界的奇花异果,还有人类万物究竟是怎么产生的?他们为什么会千变万化?彼此之间有什么内在联系?这些问题长期盘旋在他的脑海中,挥之不

达尔文当年保存的鸟类标本

达尔文随"贝格尔"号进行考察

去,逐渐使他改变了"神创论"和"物种不变论"的观点,进化论的思想也在慢慢萌芽、生长。

1832年2月底,贝格尔号到达巴西,达尔文上岸考察,向船长提出要攀登南美洲的安第斯山。当他们爬到海拔4000多米的高山上时,达尔文意外地在山顶上发现了贝壳化石。达尔文吃了一惊:"海底的贝壳怎么会跑到高山上了呢?"经过反复思索,他终于明白了地壳升降的道理。达尔文脑海中一阵翻腾,对自己的猜想有了更进一步的认识:"物种不是一成不变的,而是随着客观条件的不同而相应地发生变异!"

达尔文随船横渡太平洋,经过澳大利亚,越过印度洋,绕过好望角,于1836年10月回到英国。就在他返回前不久,那些打着美洲、澳洲各城市邮戳的标本箱也源源不断地寄到了伦敦。5年前出门时,达尔文还抱着对上帝的无限信仰和对大自然的好奇想去收集一些标本;5年后当他再返国门时,他已将上帝甩到脑后,开始积极寻找这一系列风光和标本的内在联系。

达尔文整理了5年环球生活所积累的资料,出版了《考察日记》《贝格尔舰航行期内的动物志》5卷、《贝格尔舰航行中的地质学》3卷。达尔文深知自己的专业知识还不够,于是他不时请教地质学家赖尔和植物学家霍克,为他的生物进化理论寻找根据,开始了他的最后冲刺——撰写一本关于物种起源的书。在当时这是反上帝的大逆不道的书,但达尔文冲破重重阻力,一往无前。

1859年11月24日,达尔文经过20多年研究而写成的科学巨著《根据自然选择的物种起源》(简称《物种起源》)终于出版了。在这部书里,达尔文旗帜鲜明地提出了以自然选择和适者生存为主旨的生物进化论思想,这不仅说明了物种是由低级到高级、由简单到复杂不断发展演变的,而且对生物适应性也作了正确的解释。物种起源一时间成了大街小巷人们谈论的热门话题,在欧洲乃至整个世界引起了轰动,达尔文的声誉也迅速传遍全球。剑桥大学授

达尔文的考察笔记《物种起源》

予他法学博士的称号。

1878年,他被选为法国科学院植物学部通讯院士,同年又被选为柏林科学院的通讯院士。

1882年4月19日,达尔文在家中逝世,享年73岁。他被安葬在威斯敏斯特大教堂,与牛顿等名人长眠在一起。

☆征服细菌的人——巴斯德

巴斯德生于1822年,卒于1895年。他是法国化学家、生物学家和细菌学家,医学史上的重要人物。除此之外,他在多个科学领域也都有着杰出的贡献。

他倡导的疾病细菌学说,发明的预防接种方法,对人类社会产生了深远的影响。

巴斯德出生于一个世代以制革为主业的家庭,父母都没有受过教育,制革的收入也仅够维持一家人的基本生活。父亲深深地感受到不读书生活会是多么的困苦,他决定省吃俭用,送巴斯德上学。

少年时的巴斯德是一个表现平平的学生,数学成绩中等,化学成绩也很一般,但是他却有一颗永不满足的好奇心,总是有问不完的问题。1843年,巴斯特终于以第四名的优异成绩考入巴黎高等师范学校,攻读化学。在校期间,他半工半读,勤奋的学习使他出色地完成各门功课。他的实验能力在同学中也出类拔萃。一天,巴斯德在图书馆里从一篇文章上读到有关酒石酸和消旋酒石酸结晶的文章。

巴斯特对此产生了浓厚的兴趣,他找来书籍,从什么是酒石酸开始研究。大学毕业后,巴斯德在法国公立中学执教,继续研究酒石酸。这一段时间的工作奠定了他从事科学研究的基础。

1861年,巴斯德来到巴黎,开始积极从事科研工作,他的研究课题主要是发酵和腐败。首先,他需要弄清楚空气中是否存在微生物。他用一支玻璃管,在其一端接上排气泵,另一端用棉布塞住,让大量空气从棉布和玻璃管中通过。试验结果显

在狂犬疫苗发现之前,人们对狂犬病无计可施。

巴斯德在实验室里观察牛
奶发酵的现象

示,棉布变污发黑了。接着,他又将肉汁装进玻璃瓶中,塞住瓶口,使其与外部隔绝,再进行加热,最后经显微镜检查证实,只要瓶里没有微生物,肉汁就不会变质腐败。而如果轻轻掀起瓶塞,有一点空气进入,瓶内就会出现微生物。因此,巴斯德断言,空气中存在着大量的微生物。

为了更进一步地说明问题,巴斯德准备了许多经过严格处理的烧瓶,不辞辛苦地到繁华的大街上、清洁的地下室和阿尔卑斯山的山顶采集空气的样品,然后再用显微镜检查,从而证实了:繁华大街上的空气中微生物含量最多,地下室的空气中微生物最少,而山顶的空气中则几乎没有微生物。于是,巴斯德再次断言,肉汁放在有空气的地方,只要不与微生物接触,肉汁就不会变腐。为此,他又精心设计了一个独特的实验仪器。这是一个长颈烧瓶,长长

的瓶颈向下弯曲着,空气可以通过瓶颈进入瓶内,但灰尘、微生物却在进入瓶颈的途中粘在瓶颈上,这样,瓶中的肉汁就不会变腐了。后来,巴斯德又想出了一个奇妙的办法,在长长的瓶颈中间加热,使外部的微生物在进入的途中就被杀死。这样,巴斯德以确凿的实验,揭示了加热可以杀菌防腐。

后来,巴斯德又通过不懈努力,发现了另一种防止乳酸发酵的新杀菌法——低温杀菌。也就是说不采取加热的方法而是在低温中增压使微生物死亡,后来人们将这种新方法称为"巴斯德式杀菌法"。

在细菌学说占统治地位的年代,巴斯德并不知道狂犬病是一种病毒病,但从科学实践中,他知道有侵染性的物质经过反复传代和干燥,其毒性会减少。他将含有

巴斯德做实验使用的显微镜

99

狂犬病病源的延髓提取液多次注射到兔子的体内,再将这些减毒的液体从兔子体内提取出来注射给狗,这样狗就能抵抗正常强度的狂犬病毒的侵染。1885年,一个被疯狗咬得很厉害的9岁男孩被送到巴斯德那里进行抢救,巴斯德就给这个孩子注射了毒性减到很低的上述提取液,然后再逐渐用毒性较强的提取液注射。巴斯德的想法是,在狂犬病的潜伏期过去之前,身体能产生对狂犬病毒的抵抗力,果然孩子得救了。巴斯德也于1889年发明了狂犬病疫苗。

☆电磁波的发现者——麦克斯韦

麦克斯韦像

麦克斯韦生于1831年,卒于1879年。他是苏格兰物理学家,他把电和磁结合在一起,发现了光。他还推测出电和磁力之间可能有某种联系。

麦克斯韦生于苏格兰的首府爱丁堡,他的生命只有48年。但是,在他短暂的生命中,麦克斯韦却在物理学的许多分支学科——电磁学、光学、分子物理学、天文学等领域做出了里程碑式的重大贡献。他发展了色觉的定量理论,确定了照相原理,制作了最早的彩色照片。而欧洲的第一次电话通话是在他和他妻子之间进行的,所使用的设备是电话发明人贝尔赠送给他的。在他所有的科学贡献中,给人类带来最为深远影响的是经典电磁学理论。虽然电磁场的理论起源应归功于英国物理学家法拉第,但法拉第不是数学家,他没有能进一步发展这个概念。而麦克斯韦对电磁场理论做出了更为精确的描述。他预见了电磁波的存在,为无线电的诞生和今天的电子世界开辟了道路。从他的电磁场理论的确立到今天不过一个世纪的时间,而在这一理论基础上诞生的无线电报、广播、无线电话、导航、传真、电视、雷达、无线电遥控、遥测、遥感、卫星通讯等技术成果,已经成为我们生活中不可缺少的一部分。我们甚至无法想像,没有了这一切,我们将怎样生活。所以科学界公认麦克斯韦是"自牛顿以来,世界上最伟大的数学物理学家"。

麦克斯韦从小就对数学和物理产生了浓厚的兴趣。小时候父亲叫他画静物,但父亲发现他笔下的瓶插花竟是一些几何图形:花瓶是梯形的,菊花是一簇圆圈,还有一些大大小小的三角形,大概是叶子……等到上了中学,尽管学校里还没开几何课,他就已经能用硬纸板制作出各种立体几何图形了——从正方体、棱锥四面体,直到正十二面体!

为培养他的数学才能,父亲定期带他去参加爱丁堡皇家学会的活动。这个学会由科学和艺术两个组织组成。一次,艺术学会的一个名叫海伊的老画家的讲演激起了麦克斯韦的强烈兴趣。他在画布上用两根钉子固定长短不一的线绳,画出了大小不一的漂亮的椭圆!

麦克斯韦对此仍不满足。他导出了比椭圆公式复杂得多的卵形曲线公式,又把这些曲线公式同光学联系起来。他把卵形曲线公式同物理学家得出的光的曲面折射公式进行比较后发现,它们竟然完全一样。于是,他把这一发现写成了论文。

结果是:皇家学会专门组织了一场数学学术报告会,由于作者年龄太小,论文《关于卵形曲线及多焦点曲线的绘制》由福布施教授代为宣读,麦克斯韦光荣地接受了皇家学会授予的一枚数学金质奖章;同时,论文在《爱丁堡皇家学会学报》上发表,麦克斯韦获得了"少年数学家"的称号。

这以后,麦克斯韦在科学探索之路上越走越远。

24岁,麦克斯韦接过电学大师法拉第老人的火炬,发表论文《法拉第的力线》,用数学的方法把法拉第关于电流周围存在磁力线的观点概括成一个方程式。

31岁,麦克斯韦发表论文《论物理的力线》,第一次预见了世界上存在电磁波。

34岁,麦克斯韦发表论文《电磁场动力学》,用严密的数学方法论证了电场与磁场的交变发生,也就是电磁波,这把法拉第朦胧的猜想变成了科学的推论。

42岁,麦克斯韦撰写的划时代的电磁学巨著《电磁学通论》问世,为近代电子科学技术的诞生和发展奠定了理论基础。

麦克斯韦成为了名副其实的科学巨匠。

☆设立诺贝尔奖的炸药大王——诺贝尔

诺贝尔生于1833年,卒于1896年。他是瑞典发明家、化学家。他创立了"诺贝尔奖",用以奖励在物理、化学、生理、医学、文学及为和平事业做出贡献的人。

诺贝尔出生在瑞典首都斯德哥尔摩的一个狭小的屋子里。父亲伊曼纽尔·诺贝尔是一个机械师,诺贝尔童年时期,他的父亲就常给他讲一些科学家的故事,使得诺贝尔从小就对实验产生了浓厚的兴趣。

1842年10月,父亲在俄国得到了一

诺贝尔像

笔奖金，便在彼得堡开办了一个制造水雷和炸药的工厂，然后把全家接到那座城市。

在彼得堡，诺贝尔继续勤奋读书，每到假期和周末，他总喜欢到父亲的工厂里去，因为他对父亲工厂里的炸药非常感兴趣。

有一次他还趁工厂里的工人不注意把炸药偷了出来，夜里他悄悄地把炸药放在纸筒里，然后把纸筒点燃，这时火药在夜空中喷射出美丽的火花。他还把剩余的火药放进一个空的铁罐子里面，然后用比较有韧性的纸搓成一个长条，作为导火线。他认为有导火线后，点燃火药时才不容易受伤。导火线做好了，诺贝尔点燃了它，迅速跑到远处躲了起来，"嘭!"一阵巨响把家人们吓得赶紧跑了出来，当家人看到铁罐的碎片并嗅到空气中浓浓的火药味以后，大家都知道是怎么回事了，母亲狠狠地教训了他一顿。

自从这件事发生以后，父亲不再让诺贝尔玩火药了，有时他去工厂里，工人们也不让他拿火药。

不能碰火药，反倒使诺贝尔对火药的配制产生了兴趣，他从父亲的书架上找到了关于化学方面的书本，并找出配制火药的方法。

诺贝尔发现火药是用硝石、木炭和硫磺混合制成的，他从家里的储藏室里找出一块冬天烧火的木炭，然后又从火柴上刮下了硫磺，最后只有硝石难找了，诺贝尔想起了父亲的工厂。一天他悄悄地来到了父亲的工厂，找到了装硝酸钾的瓶子，然后把这些白色的粉末悄悄地拿回了家里，自制起炸药来。经过反复的实验，最终诺贝尔找到了最佳的炸药混合比例，这对于一个孩子来说，是件了不起的事情。

15岁那一年，诺贝尔遵照父亲的嘱咐，到意大利等国去求学。学成后他便回到了瑞典，他深深感到在国外语言交流的重要性，于是他便刻苦地自学了英、法、德语。后来诺贝尔又到了美国去学习新的科学知识，也是在这个期间，他意识到了炸药在未来生活中的重要性。1854年，诺贝尔回到了父亲的身边，从此，他投入到了炸药的研究中。

19世纪，时代的脉搏开始加速跳动，欧洲在军事、建筑和运输业方面蓬勃发展，对煤炭和原材料的需求急剧增长。因此，需要更为有效的办法来开采它们。诺贝尔的父亲曾多年从事火药雷管的试验，此时，他迫切希望发明一种威力更大的新型炸药。

有一天，彼得堡大学的两位教授来拜

访诺贝尔父子，一位是诺贝尔从前的家庭教师、化学家尼拉·津宁博士，另一位是药物学家尤里·特拉普博士。津宁博士微笑着从皮箱中取出一个小瓶，里面装满了黏稠的油状液体。诺贝尔兴奋地脱口而出："这不是硝化甘油吗？"两位博士闻言一惊："真不简单，当前知道硝化甘油的人还寥寥无几呢！""我是从书上看到的，它是意大利的阿斯卡尼奥·索布雷罗发明的一种化合物，我早就注意到它了，但见到实物，今天还是第一次。"津宁博士让诺贝尔找来一块铁板，然后，从瓶中倒出一小滴，用火点燃，硝化甘油"呼"的一声燃烧起来；接着，他们又往铁板上倒一滴，用铁锤轻击一下，顷刻引起了剧烈的爆炸。诺贝尔父子观看着，他们惊奇万分。津宁博士解释说："硝化甘油是一种爆炸力极其强烈的物质，而且至今没有可控制的引爆方法，以致发明者索布雷罗也因为实验时的爆炸而脸部受了重伤，实验被迫终止。"头脑敏锐的诺贝尔当即从中窥见出"惊喜"的未来，他充满自信地说："我愿意征服硝化甘油，让它为人类服务。"两位博士紧紧握住诺贝尔的手："我们相信你，为你加油！祝你成功！"

就这样，诺贝尔从此和硝化甘油结下了不解之缘，在这之后他关于爆炸物的所有重要发明都是以硝化甘油为基础的，硝化甘油成为他科研生涯中具有重大意义的"法宝"。

诺贝尔在一个充满危险的，几乎未被

诺贝尔奖章

开拓的科学领域进行着不知疲倦的探索，成功与危险相伴。听说诺贝尔在实验炸药，邻居们整日惴惴不安，他们议论纷纷："我们这不是生活在火山口吗？"加之接连两次发生意外的大爆炸，邻居们出于恐惧，纷纷向政府呼吁、控告，因此，政府不准诺贝尔在市区内进行实验。

政府限制、设备受损、资金匮乏、漫长的诉讼和公众对诺贝尔的普遍敌视、恐惧等，都没有使诺贝尔丧失勇气，止步不前。作为爆炸物的发明人和生产者，诺贝尔虽然陷入了巨大的悲痛之中，但他并不认为这是道义上的罪责。他坚信，事故绝不是结果，炸药必将造福于人类，他最迫切的愿望就是要以最快的速度来恢复被破坏了的家庭企业，使带有附属雷管的硝化甘油进入市场，并最终赢得社会公众对它的信任。

功夫不负有心人，诺贝尔重新获得了社会的信任和支持。1865 年，诺贝尔硝化甘油有限公司在斯德哥尔摩建立，这是世界上第一家生产危险性较小的硝化甘油的工厂。1867年,诺贝尔发明的炸药开始进入市场,成为开发矿山、打通隧道的强大动力。从此,一种崇敬的光环便环绕在这黄色炸药周围,作为举世闻名的专利品之一的黄色炸药,已成为猛烈力量的象征,一举压倒古老的危险的黑色炸药,为全世界的工业、农业和军事工程建设做出了重大贡献。

1895年11月27日,诺贝尔留下遗嘱,将920万美元的遗产作为基金存入银行,每年将基金的利息奖给世界上对和平、文学、物理、化学、生理和医学做出贡献的人。这就是闻名世界的诺贝尔奖(1968年增设了诺贝尔经济学奖)。

诺贝尔一生成就卓著,他设立的诺贝尔奖更是举世闻名。

☆元素周期规律的解密者——门捷列夫

门捷列夫生于1834年,卒于1907年。他是俄国著名的科学家,他最杰出的贡献是发现了化学元素周期性的变化规律,发表元素周期表。

门捷列夫出生在俄国西伯利亚的托波尔斯克市。父亲在当地的一所中学教学。在门捷列夫出生后不久,父亲因患白内障而双目失明,一家人的生活全仗着母亲经营一个小玻璃厂维持着。1847年,父亲因患肺结核而离开了人世。意志坚强而能干的母亲并没有因生活艰难而低头,她决心

让门捷列夫像他父亲那样接受高等教育。门捷列夫自幼就有出众的记忆力和数学才能。读小学时,他对数学、物理、历史这几门课程很感兴趣,对语文尤其是拉丁语很厌烦,因而成绩很不好。他特别喜爱大自然,并善于在实践中学习,中学时的门捷列夫学习成绩有了明显提高。中学毕业后,门捷列夫来到莫斯科求学。因门捷列夫非豪门贵族出身,又来自边远的西伯利亚,莫斯科、彼得堡的一些大学拒绝接收他。但是他并没有灰心丧气,最终考上了医学外

门捷列夫像

科学校。然而当他第一次看到尸体时就晕了过去，门捷列夫迫不得已只好改变了志愿。通过父亲同学的帮忙，他进入了父亲的母校——彼得堡高等师范学校。母亲看到门捷列夫终于实现了上大学的愿望，不久便带着对他的祝福与世长辞了。

举目无亲的穷学生门捷列夫把学校当作了自己的家，为了不辜负母亲的期望，他发愤学习。在这所学院里，他得到了一些优秀教师的指导，特别是化学家沃斯克列森斯基对他的教诲，培养了他对化学研究的浓厚兴趣。由于门捷列夫学习刻苦并在学习期间进行了一些创造性的研究工作，1855 年他以优异的成绩从学院毕业。毕业后，他先后到过辛菲罗波尔、敖德萨担任中学教师。1857 年 1 月，他被批准为彼得堡大学化学教研室副教授，当时他年仅 23 岁。

攀登科学高峰是门捷列夫一直以来不断追求的目标，然而这是一条艰苦而又曲折的路，门捷列夫也是吃尽了苦头。他担任化学副教授以来，负责讲授《化学基础》课。在理论化学里应该指出自然界到底有多少元素？元素之间有什么异同和存在什么内部联系？新的元素应该怎样去发现？

在当时的化学界，这些问题正处在探索阶段。门捷列夫毫无畏惧地冲入这个领域，开始了艰难的探索工作。他不分昼夜地研究，探求元素的化学特性和它们的原子特征，然后将每个元素记在一个卡片上。他企图在元素全部的复杂的特性里，捕捉元素的共同性。但他的研究一次又一次地失败了。可他不屈服，不灰心，坚持干下去。

为了彻底解决这个问题，门捷列夫走出实验室，开始外出考察和整理收集资料。1859 年，他去德国海德堡进行科学深造。两年中，他集中精力研究了物理化学，这使他探索元素间内在联系的基础更扎实了。1862 年，他对巴库油田进行了考察，对液体进行了深入研究，重测了一些元素的原子量，对元素的特性有了深刻的了解。1867 年，门捷列夫借参加在法国举行的世界工业展览俄罗斯陈列馆工作的机会，参加和考察了法国、德国、比利时的许多化工厂、实验室，大开眼界，丰富了知识。这些实践活动，不仅增长了他认识自然的才干，而且为他发现元素周期律奠定了雄厚的基础。

门捷列夫返回实验室后，继续研究他的纸卡片。他把重新测定过的原子量的元素，按照原子量的大小依次排列起来。他发现性质相似的元素，它们的原子量并不相近。相反，有些性质完全不同的元素，它们的原子量反而很相近。他紧紧抓住元素的原子量与性质之间的相互关系，不停地进行研究。他的脑子因过度紧张而经常昏眩，但是，他的心血并没有白费，1869 年 2 月 19 日，他终于发现了元素周期律。他的

周期律说明：简单物体的性质，以及元素化合物的形式和性质，都和元素原子量的大小有周期性的依赖关系。门捷列夫在排列元素表的过程中，又大胆指出当时一些公认的原子量不准确。实践证实了门捷列夫的论断，也证明了元素周期律的正确性。

☆X射线的发现者——伦琴

伦琴像

伦琴生于 1845 年，卒于 1923 年。是德国物理学家。他发现了 X 射线，引起了物理学历史上一场伟大的变革。

伦琴出生在德国西南部莱茵河畔的小镇里乃堡。伦琴小的时候表现并不出众，父亲希望儿子将来能接手商店的事务。母亲却不愿意把爱子限制在小镇里，她希望伦琴能到更广阔的天地去发展。

3 岁时，伦琴随父母从莱茵河畔迁居

到荷兰的大城市乌得勒支，他在那里开始上学。可是他并不是一个特别用功的孩子，他很喜欢野外活动，爱制造些机械玩具。中学时期，教师认为伦琴不是一个守规矩的学生，伦琴的学习成绩也只属中等。一次，伦琴为了袒护朋友遭到教师的误解，被勒令退学。这件事使伦琴很伤心。后来伦琴在一位同情他的老师的调解下参加了毕业考试。他满怀希望能得到一张高中毕业证书，可由于一些固执的老师坚决反对，他没能拿到中学毕业证书。后来伦琴来到了瑞士，在这里，他终于说服苏黎士一家综合性科技学校的校长，允许他在没有中学毕业证书的情况下继续学业。伦琴在参加一次很严格的入学考试之后，得到了继续深造的机会。功夫不负有心人，3年之后，他终于拿到了机械工程系的大学毕业文凭。

1869 年，伦琴以《煤气研究》这篇论文通过答辩获得了博士学位，并作为助教

跟随他的导师——著名物理学教授奥古斯特·康特，来到德国维尔茨堡大学。但当时的德国规定，在大学授课的教师必须接受过正规的教育，而伦琴却因为缺少一张中学毕业文凭，被拒绝授予讲师的资格。这对于伦琴来说无疑又是一次沉重的打击。但20多年后出现了一个戏剧性的转折：伦琴被邀请去当该校校长！

1895年是划时代的一年，伦琴长期致力研究的阴极射线，即看不到的阴性电载体，却通过赫尔茨和莱纳德而为人们熟知起来。伦琴自此下定决心，独立对阴极射线做进一步研究。这年11月8日，伦琴像平时一样，把一只放电管用黑纸严严实实地裹起来，把房间弄黑，接通感应圈，让电流通过放电管，黑纸没有漏光，一切正常，他截断电流，准备做放电实验。突然，眼前似乎闪过一股绿色荧光。刚才放电管是用黑纸包着的，荧光屏也没有竖起，怎么会有荧光呢？伦琴以为是自己的错觉，于是又

伦琴正在用X射线为病人检查病症

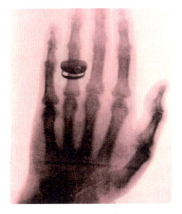

伦琴为妻子拍的第一张X光相片

重复了一遍刚才的动作，果然荧光又出现了。伦琴大为震惊，他一把抓过桌上的火柴，将它划亮。原来离工作台1米远处立着个亚铂氰化钡小屏，荧光是从那里发出的。但是由放电管阴极发生的射线是不能通过数厘米厚的空气的，怎么能在1米远处的荧光屏上闪光呢？莫非是一种未发现的新射线？伦琴兴奋地托起荧光屏，一前一后地挪动位置，可是那一股绿光总不会消失。看来这种射线的穿透能力很强，与距离没有多大关系。那么除了空气外它还能不能穿透其他物质呢？他试着用书、薄铝片挡住射线，荧光屏上照样出现亮光。当他用一张薄铅片挡住射线时，亮光消失了。现在可以肯定这是一种新射线。他还发现，如果把照相底片放在管与纸板之间，底片还能感光。伦琴称这种光为X光。后来他为妻了拍了一张X光相片。这就是历史上著名的第一张X光相片，它照下了伦琴夫人的手骨结构。

同时，伦琴发现，这种射线没有明显的普通光的特性（如反射、折射、衍射等），也不能在电场和磁场中偏转。基于这些基本的研究成果，伦琴写出了题为《论新的射线》的论文，并公布了这一发现，报告了这种射线的特性。由于这种射线的本性究竟是什么尚未搞清，因而他为这种射线取名为X射线。1895年，在维尔茨堡举行的医学物理学会会议上，伦琴宣读了他的学术报告，接着又在1896年和1897年发表了第二、第三篇学术报告。

为了表彰伦琴的这一杰出贡献，瑞典

X射线下的蜜蜂

皇家科学院于1901年在斯德歌尔摩授予了伦琴该年度的诺贝尔物理奖。

☆发明大王——爱迪生

爱迪生像

爱迪生生于1847年，卒于1931年。是美国发明家，发明了长久耐用的电灯，此外还有1000多项发明专利。

爱迪生诞生在美国俄亥俄州的米兰市。他家祖籍荷兰，后迁北美。爱迪生家境贫穷，靠父亲种田维持生活。

爱迪生小时候好奇心非常强，无论什么事都喜欢问个为什么，而且只要可能，他会动不动就做试验，为此常常闹出笑话来。

6岁时，有一次到吃晚饭的时候了，却还不见爱迪生的身影，他的父母亲十分焦急，四处寻找，终于在邻居家后院的鸡棚里发现了他。只见爱迪生正一动不动地趴在鸡窝上，身下是几个鸡蛋，头上、衣服上还沾有不少草叶。父亲见此情景，惊讶地问："你蹲在这里干什么呢？""嘘！别做声，我正在孵小鸡呢！"爱迪生一本正经地回答说。父亲听了又好气又好笑："哎呀，你怎么能孵出小鸡呢？"但爱迪生赖在那里不走，父亲只好硬把他拖回了家。

有一次，小爱迪生闯下了大祸。他看见一群人用鼓风机将风吹入一个大气球囊内，然后点火做热气球飞行试验。他就动脑筋想，要是人的肚子里充满了气体，人不也就能飞起来吗？那该多好啊！他想出了一个"美妙"的主意，他找来一种能产生气体的药粉，让一个小伙伴喝了下去，看看他能不能像气球一样飞起来。可是过了一会儿，小伙伴的肚子疼了起来，大声哭喊，差点儿送了命。这下，父亲真是气极了，狠狠鞭打了他一顿。但打过之后，爱迪生还是调皮捣乱如故，父母为此真是伤透了脑筋。

8岁时，爱迪生上学念书了。父母想，这下可好，孩子该不会再犯傻了吧。可不出两个星期，老师来告状了。原来，上算术课时，老师教"1+1=2"的加法，小朋友们都齐声跟着念，只有爱迪生一人不念，还反问老师："为什么一加一等于二呢？"老师被问得张口结舌。上语文课时，老师教关于星星和月亮的诗歌，他却缠着老师问："为什么星星、月亮不会掉下来呢？"对这些稀奇古怪的问题，老师答不上来，就骂爱迪生是"笨蛋"、"糊涂虫"、"低能儿"，校长也觉得这孩子只会扰乱教学秩序，于是勒令他退学。可怜的爱迪生仅上了3个月的学就回家了。

晚年爱迪生像

但爱迪生的母亲却是一位有知识的女性，她也是一名乡间教师，教学经验十分丰富。她认为儿子爱提问题，说明好奇心强。既然学校不教，她就做儿子的家庭教师，只要引导得当，说不定儿子还是一个奇才呢！

想到做到，母亲为儿子制定了一套详细的课程学习计划。首先是识字，很快，爱迪生就能自己阅读了；接着，就是文学、天文、地理、数学、物理、化学。母亲的循循善诱，如春风化雨，使爱迪生的才智像泉水喷涌，一发不可收拾。一年之后，爱迪生竟然抱起莎士比亚、狄更斯的文学名著以及牛顿、法拉第的科学著作读起来。

10岁时，一本《自然与实验哲学》的书把爱迪生吸引住了，他如饥似渴地一口气读完了它。书中讲到了蒸汽机、氢气球等许多的科学发现和发明。爱迪生太喜欢这本书了，爱做试验的他好似一下子在这里找到了知音。为了试验发电报，他在屋顶上架设电线，用收集来的废弃的铜丝、电磁线圈、零星的金属片来装置仪器；为了做化学实验，他在家中的小地窖里摆满了200多只装着不同化学药品的瓶子。母亲不认为爱迪生是在瞎捣鼓，而是时常鼓励他："牛顿和瓦特在念书时，也不算是优秀的学生，但是他们不自暴自弃，而是勤奋努力，最终成为了伟大的发明家。只要你坚持不懈，妈妈相信，你也一定会成为一个发明家的。"母亲的话给了爱迪生无穷的动力。

后来，由于家庭穷困，爱迪生12岁的那一年便在火车上当了报童。每次等到火车到达终点时，他便会溜到当地的青年协会图书馆去读书。

等到回到家以后，他又跑到家中地窖里去做实验。后来为利用时间，爱迪生干脆在行李车内安了一个实验室，每次报纸一卖完，他就抓紧时间搞起实验。

有一天夜里，火车在高速行驶，而爱迪生在专心地搞他的实验。突然火车猛一个转弯，一只放有磷块的玻璃瓶子从桌上滚了下来，磷块在滚动中摩擦起火了。爱迪生看着大火，慌忙地脱下衣服来想把火扑灭，但一切都太晚了，行李车里顿时浓烟滚滚。

等到大火被救灭，列车长查出是爱迪生闯的祸后，给了爱迪生两个耳光并把爱迪生开除了。

爱迪生发明的留声机

爱迪生又在一个小站上找到了一份卖报的工作。有一天，一节混合列车上的货车脱了钩，不远处一个小男孩正在铁轨上玩耍。这个小男孩看着突然出现的货车吓懵了，他站在原地一动不动地看着货车一步步地向他逼近。

看来一场灾难就要在小男孩的头上降临了，这时，正在卖报的爱迪生一个箭步冲了上去，他一把抱住男孩，翻身滚下了路基。货车从他们身旁呼啸而过。

小男孩的父亲是这个车站的站长，这个站长非常感激爱迪生，愿意把收发报的技术教给爱迪生。发报技术在当时来说是十分先进的，爱迪生很快学会了这门技术。也因为这一门技术，爱迪生踏进了科学发明的门槛。

1869年，爱迪生来到纽约，靠自己纯熟的技术在一家通讯所找到了管理电报机的工作。不久，他就发明了一种新式电报

爱迪生对贝尔发明的电话进行了改进

机。他的这一发明极大促进了现代电报业的发展,"青年发明家爱迪生"的美名也迅速传遍全国。这时,他才26岁。

1876年,爱迪生在纽约附近的门罗公园创立了一所大规模的实验工厂。他改进了贝尔发明的电话,使之投入实际使用。爱迪生先后发明了留声机、电灯、电影放映机等,他的公司在1903年摄制了第一部故事片《列车抢劫》。以后,爱迪生创办了许多商业性公司,这些公司后来合并为爱迪生通用电气公司,后又被称为通用电气公司。爱迪生发明了碱性电池、有声电影,找到了化工新材料橡胶。

从1896年到1910年的14年间,爱迪生一共获得了1328项发明专利,平均每10天就有一项新发明问世。

1931年10月18日,爱迪生因病逝世,享年84岁。

☆电话的发明者——贝尔

贝尔像

贝尔生于1847年,卒于1922年。美国发明家。他发明了现代众多通讯手段中最方便、最有效的工具——电话。

贝尔出生于英国苏格兰的爱丁堡。他的父亲和祖父都是一生致力于聋哑事业的著名的语言学家。贝尔的父亲还创造了一套借助手势、口型来表达思想感情的"哑语",给聋哑人带来了很大的方便。

贝尔的童年时代几乎是在任职聋哑学校校长的祖父身边度过的。

"爷爷,你在教他们什么呢?"

"我在教他们哑语,他们只要掌握这些哑语,即便他们不会说话,也能通过手势进行交流了。"

小贝尔在跟小伙伴们玩耍的时候也学着爷爷的样子用哑语说话,小伙伴们对这种交流方式非常感兴趣,于是大家也跟着他学。他们经常把这种交流方式作为一种游戏来做。

很快,小贝尔就到该上学的年龄了,他被送到城里去上学,可是脑子灵活的小贝尔一点也不守纪律。有一次,他带着一只老鼠到学校去,上课的时候,那只老鼠从书包里钻了出来,把女同学吓得哇哇大叫,而男同学则到处追那只逃窜的老鼠,弄得老师简直没法上课。他常常因此而被老师处罚,但是好动的贝尔却老是改不掉这个毛病,这次是带老鼠来学校,下次是带小鸟来学校,再下次又带小狗来学校,他总是没完没了地变换着书包里的动物种类。

贝尔发明的电话的部分零件

他的功课也因为他的贪玩好动而学得不好。为了让贝尔的学习成绩有所提高,爸爸只好把贝尔又送到爷爷那里去。

在爷爷的启发和教育下,小贝尔开始勤奋地学习了,在爷爷那里生活一年以后,贝尔回到了爱丁堡。

不过小贝尔虽然贪玩淘气,可他从小就喜欢拆装玩具,或者解剖一些小动物,这对他形成良好的手工操作技能起到了促进作用。据说,有一次贝尔看到附近的水磨在操作时十分费劲,就决心要改造一下这个水磨。为此他开始翻阅家里的图书资料,经过一个月的反复推敲琢磨,他居然设计出一幅改良水磨的草图,按他设计的方案改良后,那台水磨操作起来果然轻松多了。

这件事给了贝尔很大的自信,也培养了他对科学的兴趣。从此他开始自觉地学习了,等贝尔上到高中时,他已经是学校里的优等生了。

1864年,17岁的贝尔进入苏格兰的爱丁堡大学学习,由于受祖父和父亲的影响,他选择了语音专业。1867年他又到伦敦大学继续攻读语音学,后来又到加拿大一所中学教语音课,贝尔在语音学方面广博而精深的知识,很快引起了专家们的重视。25岁那年,贝尔担任了美国波士顿大学的语音学教授,后来便定居美国。那时电报已广泛应用,成为一种新兴的通讯工具,贝尔想:"既然电流可以让音叉震动,那为什么人的声音或音叉的震动,不能让电流获得相应音波而来传递声音呢?"

有一天,一次偶然的实验启发了他,在实验中他发现了一个有趣的现象:电流导通或截止的时候,螺旋线圈发出了噪音。于是一个大胆的设想就在贝尔的脑海中出现了:在讲话的时候,如果能够使电流强度的变化模拟出声波的变化,那么用电流传递声音的设想不就能够实现了吗?

这一设想就是日后贝尔发明电话的原始起因,不过把它变成现实对当时的贝尔来说,几乎是不可能的事,因为当时的贝尔对于电学的知识几乎一窍不通!然而伟大的人之所以伟大,就在于他敢于在别人

绘画表现贝尔正在试通电话

贝尔电话机

不敢为时而为之。

当贝尔最初把自己的想法告诉电学界的人时，许多人都说贝尔是痴心妄想。然而贝尔并没有因此灰心丧气，反而更坚定了自己制造电话的决心。

1875年3月，贝尔专程赶到华盛顿向当时美国威望很高的大物理学家约瑟夫·亨利请教。亨利听了贝尔的设想后，对贝尔说："你有一个很了不起的设想，小伙子努力干吧！""可是，先生，在制作方面还有很多困难，而更困难的是我不懂电学。""掌握它！"这位大科学家鼓励贝尔说。"掌握它！"这句话从此成了贝尔的座右铭。

从此，贝尔专心致志研究电学，业余时间几乎全部用在了电学研究上，很快他便掌握了所需的电学和声学知识。

1873年贝尔辞去波士顿大学语音学教授的职务，租了近郊公寓的一间破旧拥挤的小屋，开始正式地搞起实验来。两年中，他和助手经过了数不清的努力，但结果都失败了。

有一天，他和助手分别在两个房间里准备做对话实验。贝尔不小心把桌子上的硫酸弄翻了，结果硫酸撒在了他的腿上，不仅烧坏了贝尔的裤子，同时也把他的大腿烧得火辣辣的。烧疼了的贝尔忍不住叫了起来："华特生，快过来，我遇到麻烦了！"隔壁房间正拿着听筒和对话筒的华特生清楚地听到了贝尔的喊叫，他也高兴地叫了起来："我听到了，贝尔先生！"就这样，电话终于被贝尔发明出来了。

不过早期的贝尔电话存在着一个很大的缺点，就是送话器中电流很小，并受电阻的作用衰减很快，所以无法将声音传送到很远的地方去。后来爱迪生解决了这个问题，在送话器之间加了一对线圈，从而克服了电流的迅速衰减。但贝尔电话的缺点并不影响贝尔发明电话的功绩。他还有一个重要贡献是制造了助听器，给耳聋病人带来了听到声音的可能！

贝尔当年发明的电话机早已进了博物馆，但是人们永远也不会忘记他的勤奋、执著和顽强的进取精神。

贝尔与沃森经常在位于波士顿的实验室里探讨有关电话研究的话题。

☆刀片大王——坎普·吉列

坎普·吉列像

坎普·吉列 1855 年出生在美国芝加哥一个小商人的家庭里。16 岁那年，因为父亲的生意破产，他被迫辍学。他走入社会后，第一项工作就是做推销员，这个工作一干就是 24 年。

在激烈的竞争环境中，吉列多次更换公司，他推销了包括食品、日用百货品、服饰、化妆品在内的各类物品。吉列整日忙忙碌碌，每天都乘车在公司和客户之间来回奔波。尽管他很勤奋，但他的事业还是没有多大建树。40 岁那一年吉列仍还是一家公司的推销员。

有一次，吉列为一家生产新型瓶塞的厂家推销产品，这种产品并不起眼，价钱又低，但很受人们欢迎，十分畅销，吉列推销得很卖力，受到老板的赏识。当吉列问

及产品畅销的原因时，老板微笑着告诉吉列，这种新型瓶塞属一次性产品，消耗得快，卖得自然也就快。因为价格便宜，人们重复购买也不会有心理障碍。他还告诉吉列：发明一种"用完即扔"的产品，人们自然会多次购买消费，这样就能赚大钱。

说者无心，听者有意，吉列受到了强烈的震撼。是啊，自己干推销员已经 20 余年了，整天忙忙碌碌，却不能拥有自己的一份事业，为什么不能发明一种"用完即扔"的产品来赚钱呢？

一连几天，吉列都寝食不安，就连走路、坐车都是神思恍惚的。

一天，手托下巴的吉列陷入深深的沉

吉列发明的剃须刀在现代社会似乎已经不常见了。

思之中,那刮不干净的胡须扎了一下他的双手,同时也刺激了他的思绪,吉列立即从商店买来制作剃须刀用的锉刀、夹钳以及制作剃须刀所需的钢片,开始潜心地呆在家研制起他的刀片来。起初,他的设想是制造出具有锋利和安全双重特点的刀片,而且刀柄和刀片部分必须分开,这样可以便于产品的更新换代。所以,吉列便把刀柄设计成圆形,圆形刀柄上方留有凹槽,能用螺丝钉把刀片固定;刀片用超薄型钢片制成,刀刃锋利,从安全角度考虑,刀片夹在两块薄金属片中间,刀刃露出,当使用这种剃须刀刮胡子的时候,刀刃始终与脸部形成固定的角度,这样,既能很轻易地刮掉

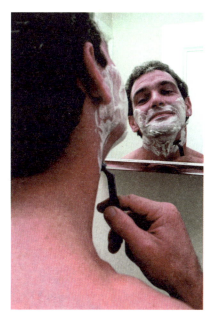

男士们每天清晨用剃须刀片刮脸,
干干净净迎接新的一天。

脸部和下巴上任何部位的胡须,又不容易刮破脸。

设计方案确定后,吉列找到了专业技术人员做成样品。他开始利用从事推销工作的优势,去说服人们投资来开发这种新型剃须刀。在他的极力鼓动下,有几位朋友抱着试试看的心理给他投资了5000美元。

1901年,吉列终于结束了他24年推销员的生涯,创建了吉列保险剃刀公司。拥有自己的公司以后,吉列更是进一步研制制作刀片的新材料,使刀片更薄,更具有柔韧性,更容易夹在金属片中间。与此同时,吉列进一步吸收资金。

1902年,吉列终于开始批量生产自己研制出来的新型剃须刀。可没想到,这种产品却滞销。在一年的时间里,吉列总共才销出刀架51个、刀片168片。对这样的销路,吉列一度百思不得其解。后来,他经过反复的思考,发现了新型剃须刀滞销的症结:第一,人们喜欢保持自己往日的习惯;第二,人们对这种新型剃须刀的优点还不了解;第三,自从产品问世以后,自己并没有及时研制出一种廉价、方便、"用完以后即扔"的产品出来。

根据这三点,吉列采取了两个步骤:一是要把新型剃须刀作为一种"用完即扔"的产品来看待。因为当初自己把刀柄和刀片分开设计就是出于这样的认识。刀柄坚固耐用,买一个可以用几年,刀片则为一次性产品,可以灵活更换。如果把刀柄

大幅度削价,而从刀片上挣钱,不就解决了价格高的问题了吗?再进一步,把刀柄赠送给人们无偿使用,人们购买刀片的积极性不就会进一步提高了吗?

于是,吉列果断做出决定:凡是购买新型剃须刀的,一律免费赠送刀柄。这一措施推出后,公司的销售额果然直线上升。长期的推销员工作使吉列清醒地认识到,新产品的功能再好,如果没有进行到位的宣传,产品也可能滞销。所以,吉列同时还加大了对新产品的宣传力度。

在战争期间,由于美国士兵把吉列的新型剃须刀带到了欧洲,所以这种新型剃

吉列剃须刀刀片

须刀也给那里的人们留下了深刻的印象。战后,吉列开始在世界各地建立分公司,吉列的剃须刀从美国走向了世界。

☆精神分析大师——弗洛伊德

弗洛伊德像

弗洛伊德生于1856年,卒于1939年。他是奥地利心理学家、精神病医师,他以毕生的精力研究了从前人们所不曾关注的"潜意识",开拓了心理学研究的新领域。

弗洛伊德这个名字是20世纪最响亮的名字之一。他对世人最大的贡献是创立了精神分析学说,因而有"精神分析学之

父"之称。这一学说对西方现代人文科学和社会科学的许多领域,例如心理学、医学、人类学、文学、艺术、哲学等,都产生了重大的影响。

弗洛伊德出生于奥地利弗莱堡的一个犹太商人家庭。父亲是布匹商,母亲是父亲的第二个妻子,她把所有的爱都寄托在年幼的弗洛伊德身上。弗洛伊德3岁时,父亲所从事的贩布行业局势恶化,父亲的生意终至破产,债务缠身。无奈之下,一家人背井离乡,来到维也纳寻求生计。

一次,父亲曾对弗洛伊德讲过一个故

事："当我还年轻的时候,有一天我在你出生的城里散步。那天是礼拜天,我穿着整齐,头戴一顶新貂皮便帽。路上我碰到一个基督徒,他一边推我,抓起我的便帽丢到污泥里,一边骂道:'犹太狗!滚下人行道!'那该怎么办呢?我只好乖乖地走下人行道,到泥路上去把便帽拾起来。"父亲讲这个故事是希望弗洛伊德能以此

弗洛伊德的卧室

为鉴,犹太人必须逆来顺受,忍气吞生,才能在严酷的现实中求得生存。在这种社会氛围中,还是小学生的弗洛伊德也发现周遭气氛不对,他只好少与人交往,在书堆里打发寂寞的日子,以求自保和不受干扰。他几乎无所不读,且理解力极强,在他看来,求知与求生仿佛是一回事。

到了中学,在老师和朋友的支持下,

《昏睡》

　　这是西班牙著名画家达利的名作。它似乎可以帮助人们理解弗洛伊德的精神分析理论。

弗洛伊德开始与现实有了接触,于是,他决心要为某种大计划、大构想而奋斗,并且尽可能地维护尊严,决不像父亲那样忍气吞声地生活。

　　1873年,弗洛伊德以优异成绩进入维也纳大学就读医学。弗洛伊德学医并不完全是为了从事临床医疗工作,而是想用科学的方法去研究人和社会。由此,他跟随当时著名的生理学家布鲁克从事生物学研究了整整3年,名为《鱼类的神经结构和人类的大脑解剖》的科研选题。随后,他又赴法国与当时著名的法国精神病学家查尔科合作研究精神病学。这是弗洛伊德在学术道路上的一次转折,这一转折在某种意义上决定了他后来的全部学术生活。1876年至1882年,弗洛伊德在维也纳生理研究所任助理研究员。1882年到1885年8

弗洛伊德与妻子玛莎

月，弗洛伊德离开研究所去做临床医生，在维也纳综合医院工作了3年。在从事临床工作的同时，弗洛伊德并没有放弃科学研究。他曾研究过神经在骨髓中的走向，还亲自参与了一部分试验工作，拿自己做受试者对可卡因的临床药效进行积极的探索。后来，弗洛伊德在维也纳以神经病理学家的身份开诊所，兼任维也纳大学客座讲师一职。这一职务使他由神经病学转向心理学，而有关精神分析的系统讲述和写作工作也由此开始。

1895年，弗洛伊德与布鲁尔合作出版了《歇斯底里研究》一书。这本书对弗洛伊德来说是一个阶段性学术总结。自这一论著发表之后，弗洛伊德的思想变得十分激进，并在日后发挥出"泛性论"的观念。从此，弗洛伊德为了迅速发展精神分析理论，不断地进行自我分析。1900年，他出版了《梦的解析》一书。在这本书里，他分析了自己及病人讲出的梦例，认为在人的精神活动中，梦是满足欲望的伪饰表现，在精神内部，愿望要满足就会与诸般禁忌之间形成冲突，梦是这种冲突妥协的结果。这本书出版后，遭到了当时医学界的冷落。10年以后，这本书才受到重视。一批著名学者，如荣格等纷纷拜入他的门下，精神分析学派初步形成。1908年，"精神分析学会"在维也纳成立。在瑞士的苏黎士，在荣格主持下的"弗洛伊德协会"吸引了来自世界各国的研究

弗洛伊德说："梦是人的潜意识在作怪。"

者,培养了一批具有国际影响力的精神分析工作者。这时弗洛伊德已完成由神经学家向心理学家的转变,他发展出来的精神分析理论在学术界引起了极大的轰动。

> 正常人比他自己所想象的要不道德得多,但他比自我估计的要道德得多。
> ——弗洛伊德

☆飞机的发明者——莱特兄弟

威尔伯·莱特像　　奥维尔·莱特像

莱特兄弟是指威尔伯·莱特（1867年~1912年）和奥维尔·莱特（1871年~1948年）。他们是美国科学家,发明了第一架飞机,实现了人类飞上天的梦想。

1903年12月17日,在美国的北卡罗来纳州的基蒂霍克村海滩上,世界上第一架有动力引擎的飞机成功地飞上了天。它的发明者就是威尔伯·莱特和奥维尔·莱特兄弟。

莱特兄弟的父亲知道两个儿子喜欢各种小机械,也经常送给他们新奇有趣的玩具,积极引导和培养他们的兴趣和爱好。

后来,莱特兄弟不断用勤奋的大脑和灵巧的双手制造各种小机械。他们在高中时代曾尝试过办报纸,用家里的老式手推车和其他一些边角废料制造出了一台印刷机,这台机器用起来省时、省力、高速,深得业内人士好评。不久,年轻的莱特兄弟又创办了一个小型的印刷厂。后来,在威尔伯的提议下,他们停掉了印刷厂,转行生产、修理自行车。奥维尔野心更大,有一阵子曾想要生产汽车,只可惜威尔伯对此不感兴趣,因而未能实现。

1896年夏,25岁的奥维尔染上了伤寒。养病期间,两兄弟听说了德国航空先驱奥托·利连索尔在一次滑翔飞行中不幸遇难的消息。按说,这条消息对那些梦想飞行的人是一个打击,但熟悉机械装置的莱特兄弟却从中认定,人类进行动力飞行的基础实际上已足够成熟,利连索尔的问题在于他还没有来得及发现操纵飞机的诀窍。莱特兄弟儿时制作飞行玩具的激情复活了,他们满怀激情投入到对动力飞行的研究。

莱特兄弟没有上过大学,但他们一方面很重视通过书本学习航空理论知识,另一方面也注重亲身实践。他们开始广泛阅读有关飞行原理的书籍，认真学习数学，勤奋钻研空气动力学等方面的科学知识。莱特兄弟不仅努力掌握前人的研究成果，而且十分注意直接向活生生的飞行物——鸟类学习。他们常常仰面朝天躺在地上，一连几个小时仔细观察鹰在空中的飞行，研究他们起飞、升降和盘旋的规律。当年孩子气十足的飞行之梦，已转化为坚定的发明信念。用丰富的知识武装起来的莱特兄弟更加坚信飞机的发明是可能的。特别值得指出的是，在发明飞机的过程中，莱特兄弟的配合也是完美无缺的。哥哥威尔伯勤勤恳恳，扎扎实实，拥有工程师般的细致和严谨；弟弟奥维尔则有着艺术家般的丰富想像力，敢于不断地创新。俩人智慧的大脑相互补充，密切配合，还有什么人间奇迹创造不出来呢？

在认真总结了前人的经验和教训之后，莱特兄弟决定从滑翔飞行实验入手。正像母亲在他们儿时制作玩具时所告诫的那样，一定要在动手之前把需要做什么想清楚。他们对于如何最终成功研制出飞机有清晰的思路。在他们看来，飞机能不能顺利飞行，关键就在于如何设计和控制他在飞行过程中前后左右各个方向的受力平衡，特别是要处理好飞机的重心和升力受力点之间的关系。他们与众不同的技术思路与探索过程，使兄弟俩在两年后成为最早的能够在天空自由飞翔的人。

靠着一丝不苟、严谨求实、不断钻研的刻苦精神，莱特兄弟不仅迅速掌握了当时最先进的飞行器制造技术，而且在许多方面都做出了重大突破。在观察飞机在空气中改变方向的情况这一过程中，莱特兄弟发现，只要用与拉线相连的小棍加以调节，使翼梢保持不同的迎风角度，就能控制飞机的航向。这是一个非常重要的发现，它对莱特兄弟日后的成功影响极大。

1899年8月，这两个年轻人制成了他们的第一架飞机：一架双翼风筝式飞机。这架飞机的一个特点是，利用机翼的扭曲

1903年12月17日，莱特兄弟进行飞机试飞

或弯曲,取得横向稳定或侧向平衡。莱特兄弟的第一架滑翔机也运用了机翼扭曲这一特点。这架滑翔机在1900年制成,被运往北卡罗来纳海岸的基蒂霍克进行试验。兄弟俩用了一个星期的时间,把滑翔机装好,先把它系上绳索,像风筝那样放飞,结果成功了。然后由威尔伯坐上去进行试验,虽然飞了起来,但只有1米多高。第二年,兄弟俩在上次制作的基础上,经过多次改进,又制成了一架滑翔机,飞行的高度达到了180米。莱特兄弟开始考虑飞机的动力问题,他们想到了汽车的发动机。一名制造发动机的工程师专门为莱特兄弟造出一部12马力、重量只有70千克的汽油发动机。经过无数次的试验,他们终于把发动机安装在滑翔机上,并在滑翔机上安上了螺旋桨。

带有螺旋桨的飞机再次给莱特兄弟带来了麻烦,但成功终究属于这一对不畏困难、坚持不懈的"飞人"兄弟。1903年12月14日,莱特兄弟在基蒂霍克再次试飞改进后的带有螺旋桨和发动机的飞机。在准备工作就绪后,兄弟俩以抛硬币的方法,决定由威尔伯先飞。威尔伯飞了起来,但很快又掉了下去。兄弟俩经过研究,发现是起飞方面的原因。1903年12月17日,莱特兄弟再次试飞,驾驶员换成奥维尔。飞机起飞后,一下子升到3米多高,随即水平地向前飞去。飞机飞行了36.6米,历时12秒,然后稳稳地着陆了。同一天,接着又飞了3次,其中一次飞了260米,持续了59秒。这是人类历史上第一次驾驶飞机飞行成功。莱特兄弟把这个消息告诉报社,可报社不相信,拒不发布消息。莱特兄弟继续改进他们的飞机,不久,又制造出能乘坐两个人的飞机,并且在空中飞了1个多小时。

1908年9月10日,莱特兄弟终于向世人展示了他们的空中飞行。奥维尔驾驶着他们的飞机,在一片欢呼声中,自由自在地飞向天空。过后不久,莱特兄弟在政府的支持下,创办了一家飞行公司,同时开办了飞行学校,从这以后,飞机成了人们又一项先进的交通工具。

莱特兄弟研制的飞机实现了人类上天的梦想

☆条件反射学说之父——巴甫洛夫

巴甫洛夫像

巴甫洛夫生于1849年,卒于1936年。是俄国生理学家。第一个用生理学实验方法来研究高等动物和人的大脑活动的科学家,他创立了大脑两半球生理学和条件反射学说。

巴甫洛夫出生在梁赞城一个贫穷的牧师家庭。他从小在教会学校读书,依照传统习惯,摆在他面前的生活道路是接过父亲的衣钵,当一名牧师。但是,他抛弃了宗教留给他的前途,毅然选择了科学研究的艰难道路。科学的吸引力,最早来自于书籍。中学时代,巴甫洛夫阅读了俄国革命民主主义者别林斯基、车尔尼雪夫斯基和赫尔岑等人的著作,并对这些作品留下了深刻的印象。特别是著名的自然科学家和唯物主义者皮萨列夫,以及俄国生理学家谢切诺夫的作品对他影响很大,甚至决定了巴甫洛夫一生的道路。

1870年,21岁的巴甫洛夫离开神学院,依靠口袋里的一张"贫困证明书"免费进入了彼得堡大学,攻读生理学专业。巴甫洛夫在大学里学习十分刻苦,为了使实验做得得心应手,他不断练习双手操作,渐渐地相当精细的手术他也能迅速而准确地完成。导师很赏识他的实验才能,常叫他充当自己的助手。巴甫洛夫不懂就问,每次手术都做得既快又好,渐渐的他也有了名气。四年级时,在导师的指导下,巴甫洛夫完成了关于胰腺的神经支配方面的第一篇科学论文,获得了校方的金质奖章。1875年,巴甫洛夫获得生理学学士学位,成为自己导师的助教。同年,他又考上了圣彼得堡大学医学院。1878年,巴甫洛夫应俄国著名临床医师波特金教授之邀,到其所在的医院主持生理实验室工作。巴甫洛夫在这间狭小的实验室里工作了10余年。

病中的巴甫洛夫仍不忘科学研究,他将自己的病情发展过程详细地作了记录。

巴甫洛夫在科研上认真思考，勤奋学习，坚持实验，勇于创新。他早期从事心脏心理研究，创立了神经系统的营养功能学说，接着他把研究方向转向消化生理。为了研究大脑怎样支配胃的活动，他创造了一种观察胃腺活动的新方法，即后来闻名世界的"假饲"实验。

巴甫洛夫先将一条饥饿的狗拴在实验台上，然后在狗面前的食盘里放进鲜肉，狗开始津津有味地吃起来，边吃边咽，可是它吃进去的肉很快又掉到食盘里。

巴甫洛夫用狗来做条件反射实验

原来，狗的食道已被切断，食道的两个断头都被接到狗脖子皮肤的外头。因此，被狗咽下去的肉，立即从食道切口掉回食盘里。狗还是继续津津有味地吃着，可是因为始终没有把肉送到胃里，所以它一直吃不饱，盘子里的肉也始终保持那么多。在狗的肚子底下，拖着一根细细的橡皮管，原来狗的胃也被巴甫洛夫动过手术，已经插入一根瘘管通到体外。有趣的现象出现了，在狗徒劳吃肉后的四五分钟，橡皮管里流出了大量的胃液。狗不停地吃着，胃液也不断地流出，不久就淌满了量筒。胃液的不断分泌，是狗的第十对脑神经——迷走神经的冲动所引起的。巴甫洛夫对这只狗的迷走神经也动过手术，在上面引出了一根丝线。现在，只见巴甫洛夫稍微动了一下丝线，就切断了狗大脑与胃之间的联系。结果，狗尽管还在不断地吞咽鲜肉，但胃腺却停止分泌了。"大脑控制胃的消化！"这个著名的实验结果被记载在所有的生理学教科书中，巴甫洛夫在消化生理学方面取得的重大成就，使他获得了国际声誉。1904年，他荣获诺贝尔奖，成为世界上第一个获得这项荣誉的生理学家。

但是在成就面前，巴甫洛夫并未满足。1912年，53岁的他又开始了对人体的禁区——大脑进行研究，揭开了大脑的秘密。不久，他又提出条件反射理论。在80岁高龄时提出了两个信号系统学说，并据此证实了辩证唯物主义的基本原理：物质是第一性的；意识是第二性的，它是大脑的产物。

☆量子论的奠基人——普朗克

普朗克像

普朗克生于1858年，卒于1947年。他是德国物理学家，他发现了量子，开创了量子物理时代。

普朗克出生于德国沿海城市基尔的一个法学家家庭。据说普朗克从童年起就显示出自己的音乐才华，尤其擅长弹奏钢琴和风琴，具有专业音乐家的钢琴演奏技巧。学生时代，他曾为音乐晚会上的一些歌曲和一整出清唱歌剧谱曲。他在学校的合唱团中担任第二指挥，在学生教堂里负责演奏管风琴，指挥一个管弦乐队，并专门学习过和声学和对位法。1867年，父亲应慕尼黑大学的聘请到那儿任教，并举家迁往慕尼黑。

普朗克很早就投入到对黑体辐射的探索之中，在用经典物理理论无论如何都解释不了探索结果的情况下，他对经典物理理论进行了否定，提出崭新的量子假说新概念，并据此得出了公式，把辐射能量与辐射光谱统一了起来，解决了黑体辐射问题。普朗克的量子假说认为，辐射是由一份份的能量组成的，就像物质是由一个个原子组成的一样，辐射中的一份能量即是一个量子。量子的能量大小取决于辐射的波长，波长越短，能量越大；波长越长，能量越小。总结起来，就是量子的能量与波长成反比，与频率成正比。量子的提法来自拉丁文"分立的部分"或"数量"一词。光正是一个个量子的连续发射，但由于人的眼睛有视觉暂留现象，所以看不到一个个分离的量子，而看到的是一道道光线。量子假说的提出为新物理学的产生奠定了第一块基石。

尽管普朗克是量子力学发展史上第一个革命者。但是，受过严格经典物理学

普朗克物理学院外景

训练的普朗克,看到自己为形势所迫,不得不提出的量子假说造成的对经典物理学理论的"破坏",心中有说不出的难过。他对经典物理学理论极其深厚的思想感情,使他开始试图取消量子假说,或者说使量子假说纳入经典物理学理论。

普朗克的这一奋斗造成了必然的失败。他从1901年至1914年,两次修改了原来的理论,企图使之纳入经典物理学理论当中。1911年,他提出第二个理论,对量子假说作了部分修改,即认为它只在发射时是不连续的,而吸收时却仍然是连续的。1914年,他又提出了第三个理论,不管是发射或是吸收,一律都是连续的,全面修改

了量子假说,但这一理论在1915年终因未得到人们的支持而被迫放弃。在这15年中,普朗克在量子理伦的知识宝库中,再也没有加进任何值得称道的东西。

普朗克在晚年终于认识到了自己的徒劳举动,他不得不承认"为了设法使基本作用量子适合于古典理论,我徒劳地进行了许多年的工作,耗费了很大精力,结果是枉费心血。现在我认识到,基本作用量子在物理学理论中所起的作用,比我受到的怀疑要重要得多。"虽然普朗克在量子研究的工作中存在错误假说,但是他为此所作的努力也为后来进一步的研究起到一定的作用。

普朗克的伟大贡献

在普朗克之前,物理学家们都是从经典物理学的角度来研究一个受热的物体向外放出的能量和它的温度之间的关系,结果总是和实验有很大的差别。这个疑问被物理学家们称为是笼罩在物理学之上的两大乌云之一,当时被认为十全十美的物理学出现了危机。普朗克也发现了这个现象,他百思不解,为什么会是这样呢?经过长期的艰苦实验,在历经了无数次失败之后,1900年他终于推导出了一个与实验相符合的公式。在这个公式里,他引入了一个符号h,称为"作用量子",这一发现让普朗克兴奋不已。因为在以往的观念中,人们认为能量是可以分为任意小的,而普朗克提出的作用量子,却表明了能量只能是一个单位的整数倍,这个能量最小单位就是"能量子"。普朗克的发现为物理学的发展开辟了一条新的道路,为了纪念这一新的发现,科学界把h命名为"普朗克常量"。普朗克的科学思想,使人们冲破了以往经典物理学的束缚。20世纪初,一大批青年物理学家沿着普朗克量子论的思路,建立了力学,向人类展示了一个新奇的微观世界,让人类的认识产生了一次大的飞跃。

☆镭元素之母——居里夫人

居里夫人像

居里夫人生于1867年,卒于1934年。是法国科学家。她发现了放射性元素镭,是举世闻名的科学女杰。

居里夫人原名玛丽·斯可罗多夫斯卡,跟著名化学家皮埃尔·居里结婚后,依照习俗,改名叫玛丽·居里,世称"居里夫人"。

1867年11月7日,玛丽·居里出生于波兰首都华沙。她在家里是小妹,但天生睿智,比两个姐姐都聪明,大人教她什么东西,她一听就懂,一教就会。

玛丽6岁进了小学。每天晚上,她都和姐姐以及父亲招收的寄宿生在一起读书学习。她十分专心,只要一捧起书本,便全身心沉浸在知识的海洋中,此时的她,有着惊人的抗干扰能力。

在玛丽还不满10岁时,母亲和大姐就相继病逝了,她一时失去了关爱。但是,恶劣的生活环境不仅培养了她独立生活的能力,也磨炼了她坚强刚毅的性格。她的父亲早年曾在圣彼得堡大学攻读过物理学,他对科学知识如饥似渴的精神和强烈的事业心,深深地影响着小玛丽。

当时波兰处于沙皇俄国的残暴统治之下,人民过着悲惨艰辛的生活。父亲谆谆教导子女说:"压迫者尽管暴虐,却无法把知识从人的头脑中夺走。"家庭的潜移默化使玛丽在小小年纪时就流露出迥异于一般孩童的对知识强烈的兴趣。

聪明而且善于思考的玛丽,在班上成绩一直遥遥领先,但她从不骄傲自满,总是埋头读书,显示出极强的求知欲。15岁那年,她就以优异的成绩带着金质奖章提前一年从中学毕业了。这时,她别无爱好,探索科学世界的奥秘,对她来说已是一种渴望。但是,在沙皇俄国殖民统治下的波兰,

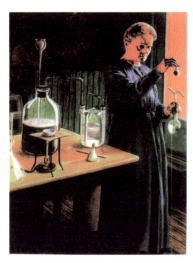

居里夫人在失去皮埃尔后仍以严谨的治学态度进行实验研究

当时只有男性才能接受高等教育,女子则受到种种歧视。民族的厄运,社会的冷遇,生活的贫困,从多方面压迫着这个少女的心灵,但也更加坚定了她为祖国的自由和富强而发愤学习的决心。

为了济世救国,玛丽决定到法国去深造。在法国读书的二姐也向她发出召唤,她的心飞向了巴黎。由于家庭贫困,父亲没法保障两个女儿同时读大学。玛丽没有灰心,没有退缩,她决心先做一段时间的家庭教师以挣够出国留学的钱。于是她利用优等生的奖状,在报纸上刊登了招收学生的广告,愿做家庭教师。这一招果然有效,有人找上门来了,她一边到偏僻的乡村做家庭教师,一边想方设法借阅各种书籍,进一步打基础,学法语。日月更替,四季轮回,直到24岁,她终于积攒了一笔血汗钱,也掌握了丰富的学科知识,一举考入了梦

居里夫妇在对待科学研究上,可谓志同道合。

寐以求的巴黎大学理学院物理系。前往巴黎时,为了节约费用,在没有座位的四等车厢内,玛丽坐在自备的小折叠椅上,一路颠簸着到达巴黎。这时已经当了医生的二姐也结婚成了家。二姐家虽不富裕,却是舒适而温暖的,二姐给玛丽一间宽敞的房间用作卧室和书房。

由于二姐家离学校太远,为了节约更多的时间学习,玛丽在学校附近租赁了一间小阁楼。冬天,窗外飘洒着鹅毛大雪,屋内水盆里都结了一层厚厚的冰。为了防寒,玛丽将所有的衣物堆盖在被子上,还是挡不住寒气的侵袭,她无可奈何,竟然想到把椅子也压在被子上,还是无济于事。在这里,一盏小小的酒精灯担负起做饭的重任,而食物常常简单到一块面包和一杯茶。

饥寒交迫并不能阻挡玛丽前行的脚步。两年后,她在物理学学士学位考试中名列榜首。紧接着,她又以第二名的优异成绩,获得了数学学士学位。

在此期间,她认识并爱上了法国青年科学家皮埃尔·居里,两人于1894年结婚。从此,夫妻俩志同道合,联手致力于科学研究工作,谱写了科学史上的一段佳话。

当时,法国物理学家柏克勒尔发现铀盐矿物能放射出一种奇妙的射线,这种射线尽管看不到,却能穿透普通光线所不能穿透的黑纸片,而使照相底片感光。但铀盐为什么会放出这种射线,还是一个未知的谜。这一发现引起了居里夫人很大的兴趣,她决定以此作为自己的研究题目。经

过多次的测试和检查,居里夫人敏感地意识到沥青铀矿中可能含有一种新的不为人知的放射性很强的元素。这时,皮埃尔也加入了居里夫人的研究,终于在1897年7月,居里夫妇确认了新元素的存在。居里夫人把这种新元素命名为钋(元素符号为Po),以此纪念她的处在沙俄蹂躏之下的祖国波兰。同年12月,居里夫妇又从沥青铀矿中发现了一种放射性更强的元素,这种元素能在黑暗处自动发射出光亮。居里夫人把这种新元素命名为镭,是拉丁文中"放射"的意思。

钋和镭这两种新元素被发现的消息迅速传遍了世界,居里夫妇决定从沥青铀矿中提取镭,向科学界证实自己的发现。经过45个月的奋战,居里夫妇终于在1902年提取出了1/10克镭,并测定了镭的原子量。

1903年,居里夫人以《放射性物质的研究》为题做论文,获得巴黎大学物理学博士学位。同年,居里夫妇和贝克勒尔共同荣获诺贝尔物理学奖。居里夫妇淡泊

玛丽·居里使用过的玻璃量杯

皮埃尔·居里自制的电离室

皮埃尔·居里自制的象限静电器

辐射的测量

居里夫妇的大部分科研设备都得自己制作。辐射会使空气导电,皮埃尔研制了不少灵敏度很高的测量仪器。

名利,没有听人所劝向政府申请专利权以垄断镭的制造来攫取巨额财富,相反地,他们还把得到的诺贝尔奖金无偿地赠送给别人。

当玛丽成为誉满全球的科学家后,当年的历史老师追忆往事,是这样说的:"那时的玛丽总爱穿着深蓝色的绒布制服,她聪明、倔强,尤其喜欢聆听波兰的历史,对祖国有着深深的

居里夫人、爱因斯坦等知名科学家的合影

眷恋。"

1906年，居里先生不幸因车祸去世，39岁的居里夫人承受着巨大的痛苦。她一边挑起操持家务和教育两个女儿的重担，一边继续完成她跟丈夫两人共同制定的科学研究计划。她接受了接替居里先生讲授物理课的任务，成为赫赫有名的索邦大学有史以来第一位女教授，并兼任镭研究所所长。她还与他人合作，成功地制取了金属镭。1911年，居里夫人再度获得诺贝尔化学奖，让整个世界轰动。

晚年的居里夫人一直孜孜不倦地进行科学研究，但长期暴露于放射性元素之中也使她患上了恶性白血病，1934年7月4日，她从实验室回到家后的当天晚上，与世长辞，享年67岁。

居里夫人一生发表过70多篇学术论文和多本专著，其中《放射性专论》《放射性物质的研究》等都是轰动世界的名作。

1935年，居里夫人的女儿伊莱娜·约里奥·居里及其丈夫弗莱德里克·约里奥（世称"第二代居里夫妇"，是我国杰出核物理学家钱三强院士的导师）共同获诺贝尔化学奖。就这样，居里夫人一家为世界科学史写下一家两代人荣获5人次诺贝尔大奖的辉煌之页。

☆原子结构模型的发现者——卢瑟福

卢瑟福像

卢瑟福生于1871年，卒于1937年，是新西兰物理学家、科学家。他发现了α射线、β射线和γ射线，从而进一步发展了原子理论。

卢瑟福小时候家里很穷，他上小学时就对科学实验有浓厚的兴趣。1882年，他获得了奖学金，到纳尔逊市中学读书。10年的中学学习，使他认识到数学在科学研究中的重要作用。他打好了数学基础，又掌握了很多物理实验的技巧，1892年，卢瑟福以优异的成绩考入新西兰的坎特伯雷学院数学系。1894年，他以数学和物理两门功课第一的成绩获得硕士学位。次年，卢瑟福获得奖学金到英国剑桥大学的卡文迪许实验室研究无线电。

1896年，卢瑟福接受汤姆逊的建议，把研究方向转到放射性上。1897年，卢瑟福发现铀射线由两种成分组成，一种是易被吸收的射线，他将它命名为α射线；另一种是穿透性强的射线，他称之为β射线。他同时根据实验预言，可能存在一种穿透能力更强的射线，这就是后来发现的并由他命名的γ射线。1898年，卢瑟福在卡文迪许实验室毕业后，被汤姆逊推荐到了加拿大的麦吉尔大学任物理学教授。卢瑟福与来自英国的青年化学家索迪合作，在1902年首先发现了放射性元素的半衰期。1903年5月，他和索迪根据α射线和β射线在电场和磁场中的偏转度，辨别出它们分别同带正、负电的粒子构成，指出放射性元素的原子衰变时释放荷电粒子而变成性质不同的新元素，列出了早期的镭、钍、铀的衰变图谱，确认α射线放射的能量占放射性元素辐射能量的99%以上，为他们后来以α射线作为研究原子结构的炮弹提供了根据。同年，他当选为英国皇家学会会员。1905年，他应用放射性元素的含量及其半衰期，计算出太阳的寿命约为50亿年，开创了用放射性元素半衰期计算矿石、文物和天体年纪的先河。

1907年，卢瑟福出任英国曼彻斯特大

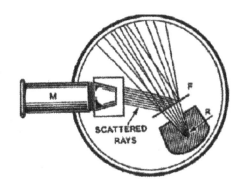

卢瑟福的粒子散射实验示意图

1911年，卢瑟福等人用α粒子射击重金属箔，结果这些α粒子被散射到不同方向上，通过测定，卢瑟福提出了原子模型理论。

学的物理学教授，在那里继续对α、β、γ射线做了大量的研究工作。他先后测算出β射线的电荷、α粒子的带电量和原子量，又与人合作，测定出了γ射线的性质和波长。1908年，卢瑟福获得诺贝尔化学奖，这可是有点莫名其妙，因为卢瑟福是个物理学家。后来，卢瑟福这样描述了自己的感受："这真是太妙了！我一生中研究许多变化，但是最大的变化是这一次，我从一个物理学家变成了一个化学家。"

从1919年起，卢瑟福继 J·J·汤姆逊之后，担任了卡文迪许实验室主任，并一直在剑桥大学任教。在他的领导下，卡文迪许实验室发展到一个新的高峰，将物质微观结构的研究推向崭新的阶段，培养出许多优秀的青年科学家。1921年，卢瑟福发表了自己对原子模型的分析：原子是由带正电的原子和带负电的电子组成的；原子

卢瑟福在英国剑桥大学的卡文迪许实验室研究无线电。图为卢瑟福（左）在实验室的情景。

核占居整个原子大部分的质量,电子围绕着原子核运转;原子核的电量等于电子电量的总和。1925年,卢瑟福出任伦敦皇家学会会长。

1937年10月19日,他因患肠阻塞并发症逝世,享年66岁。人们将他葬在伦敦威斯敏斯特大教堂的牛顿墓旁,用以表示对他的崇高敬意。

☆无线电之父——马可尼

马可尼像

马可尼生于1874年,卒于1937年。是意大利著名发明家。他发明了无线电,并将无线电通讯发展成为全球的事业。

马可尼出生于意大利的波罗尼亚。父亲是一个牧场主,母亲是英国爱尔兰贵族的后代。

马可尼从小就非常聪明,并且勤奋好学,尤其喜爱阅读物理学方面的书籍资料。

大学时期,马可尼深得物理学教授奥方斯特·里奇的赏识。当时里奇正在进行电磁波实验,受他的影响,马可尼开始自己动手做电磁波实验,并逐渐迷恋上了电磁波的研究。当时尚不到20岁的马可尼立下宏大的志愿:一定要用电磁波来传递音讯。从此他与艰辛的电磁波实验结下了不解之缘。首先,他把自己的实验室安排在父亲庄园的一座小楼上。马可尼经历了无数次的失败实验,他的父亲曾批评他是个"不切实际的空想家",并认为这种无谓的实验只是浪费时间而已,但马可尼毫不气馁,坚信自己的理想一定会得以实现。

1894年注定是马可尼生命中不同寻常的一年。一天,马可尼在他楼上的房间摆放了一台简陋的收报装置,他在楼上一按电钮,楼下的客厅就传来了一阵铃声,而楼上和楼下并没有导线相连。这是他第一次实验成功的无线电信号传送。第二年秋天,马可尼把电磁波信号传到了2.7千米外的地方,这当然更引起了他继续研究的兴趣。这期间由于经费不足,马可尼曾给意大利邮电部写信,请求资助,但是没有得到支持。为了使无线电具有实用价值,能够为人类服务,马可尼告别了自己的故乡,带着他发明的发射机和接收机来到当时世界科技发展的中心——英国。1896年6月2日,马可尼将自己的专利品以25万美元卖给了英国政府,并获得了英国邮电总局的总工程师普利斯博士的大力支持和帮助。"世有伯乐,然后有千里马",马可尼遇到普利斯可以说是马可尼在通向成功的道路上,走出了至关重要的一步。在普利斯的支持和帮助下,马可尼在英国进行了多次无线电收发表演,并获得成功。

1897年,马可尼在伦敦成立了自己的公司——马可尼电报公司,由英国政府代办,马可尼亲自兼任董事长。第二年7月,马可尼的无线电报装置正式投入商业使用,第一次用无线电为爱尔兰首都都柏林《每日快报》报道了有关金斯汤赛船的情况。马可尼无线电报的发明成功,使海上航行安全得到了保障。1899年3月3日,东凯旋号船被另一条船撞破,在危难之时,许多地方都收到了呼救信号,很多船立即赶去营救。

1901年12月12日,马可尼首次完成了横渡大西洋的无线电通信:美国能收到英国拍发的电讯!这一消息震惊了全世界,各地的报纸纷纷以大字标题刊出,尤其

马可尼和他的无线电器械

科学界更是兴奋得发狂。马可尼已创造了一个新的时代,无线电自此可以让我们的消息随时传递到全世界去。这时候,可尼才只有27岁!

但随之而来的,马可尼发明的无线电也受到许多严厉的反对和攻击。很多幻想家写信给马可尼,责备他,甚至警告他不应该发明无线电,因为他们以为电波要经过他们的身体,会毁坏他们的神经,使他们不能够安睡。有一个法国人写信给马可尼,声称为了保障人类的安全,他决意要刺死他,并说他已由法国起程来英国。马可尼连忙将这封信交给苏格兰警察局,幸亏英国政府防护得早,拒绝此人上岸,马可尼才幸免于难。

马可尼发明的无线电报不久便在全球范围内得到广泛的应用,许多国家的海岸、要塞都建立了马可尼式的无线电台,大多数轮船也纷纷采用了他的无线电装置。而且,他发明的无线电直接导致了广播事业的诞生。世界上第一次正式广播是

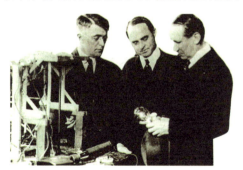

1920年马可尼向人们
展示他的无线电设备

1920年在英国开始的,接着美国和其他许多国家的无线电广播事业,也都蓬勃发展了起来。无线电事业终于真正成了全球性的事业。马可尼去世后,为了纪念这位伟大的发明家,国际海上无线电协会代表50多个国家,一致通过把马可尼的生日4月25日这一天定为世界海上无线电服务的"马可尼日"。

☆科学超人——爱因斯坦

爱因斯坦像

爱因斯坦生于1879年,卒于1955年,1900年入瑞典国籍、1940年入美国籍,他是杰出的物理学家,现代物理学的开创者,物理学革命的旗手,他的"相对论"思想左右着科技发展的步伐。

爱因斯坦诞生在德国的小城乌尔姆,他的父母都是犹太人。爱因斯坦天生一个大脑袋,而且头骨呈棱角形。3岁时还不会说话,父母亲都为他着急,他们带他去医院检查,可医生也表示没有什么办法。就在父母忧心忡忡之时,爱因斯坦却突然说话了。

爱因斯坦6岁的那一年,他的父亲给他买了一个磁针,爱因斯坦一下子对这个东西产生了兴趣。他手里拿着罗盘左右晃动,针也跟着他的晃动左右摇摆,但当一切都停止下来的时候,针还是指向原来的那个方向。

"爸爸,这个针为什么老是指向那个方向呢?"

"那是磁力吸引的原因,因为磁力的吸引它老是指着北方。"

"什么是磁力呢?"

"磁力就是……"父亲被爱因斯坦的问题给问住了。

爱因斯坦上学后,由于他根本不服从学校死板的管理,再加上他经常"顶撞"老师,所以上学没多久就被学校开除了。

离开学校的爱因斯坦靠自学数学和物理考进了瑞士的苏黎世联邦工业大学。进了大学以后爱因斯坦本来是想按照父亲

爱因斯坦的获奖证书

的意愿选修电机工程的,后来他考虑再三,觉得它不合自己的兴趣,又改读了物理学。

大学毕业两年后,爱因斯坦才在瑞士的首都伯尔尼的专利局找到了一份工作。当时,专利局里使用的是一种长腿坐椅,那些审查专利的工程师和专家们养成了一个习惯:把坐椅往后一仰,双腿跷到桌上,悠闲地审查图纸。爱因斯坦不习惯这样,他愿意聚精会神地伏案工作。有一天,他从家里带来一把锯子,把椅腿锯掉了一截。当同事们惊奇地盯着他时,他已经按自己的习惯,整个身子都埋在桌子上的图纸中了。他专心致志地将一份份专利申请分类,错误的、荒唐的、异想天开的,往边上一扔,有价值和新颖有趣的新发明、新创造,分别写出鉴定书,并整理好归档。

一天的工作,爱因斯坦往往不到半天就做完了。这时,他就可以拿出小纸片来

爱因斯坦的实验室

做自己的物理学研究了。一行行数字,一个个公式,很快就写满了一张,一张张纸片很快就堆成一叠。一天,局长大人从他身边走过,他正沉浸在公式的演算过程中,竟然毫无察觉。局长拍了拍爱因斯坦的肩膀,说:"上班时间可不准做私事哟!"爱因斯坦机警地抓起一叠早已写好的鉴定书给局长看,微笑着回话说:"工作早完成了,决不耽误。"一个同事从旁开玩笑:"他哪里是在做私事,说不定是在做天下最大的公事呢!"爱因斯坦朝那个同事笑了笑,心里悄悄地说:"伙计!真的让你猜对了!"

时间对爱因斯坦来说总是不够用。他头脑里整天盘旋着实验、假设、公式和定律,满脑子是分子、原子、光量子!空间、时间、工作!太过投入的他甚至经常忘记带钥匙。有一次,他还闹出了大笑话:新婚之夜,爱因斯坦带着新娘回到住处,走到房门口却进不去,因为他又忘了带钥匙。结婚一年多后,爱因斯坦的儿子出生了,取名叫汉斯·艾伯特,小家伙给爱因斯坦带来快乐,也带来了沉重的负担。他像一匹马同时拉着工作、事业、家庭三部车。

成名前的爱因斯坦没受过名师的教诲,在大学里没有一个席位,连最起码的物理实验也没有。可是,他有的是勇气和决心,敢于挑战和拼搏。在1905年的上半年,爱因斯坦一发不可收拾,接连发表了4篇在物理学研究领域具有划时代意义的重要论文,先后提出了狭义相对论和光量子理论——开创了物理学的新纪元。

1911年，爱因斯坦在布鲁塞尔的一次科学大会上与居里夫人相识，得到了居里夫人的极高评价。1913年，爱因斯坦回到故乡德国，被选为普鲁士科学院院长和柏林大学教授，并担任了恺撒·威廉物理研究所所长。

1915年，在狭义相对论发表10年后，爱因斯坦终于发表了广义相对论。1916年，他完成了总结性的论著《广义相对论原理》，这本著作把哲学的深奥、物理学的直观和数学的技艺令人惊叹地结合在一起，被称为是20世纪理论物理学的巅峰。1916年，爱因斯坦又总结了量子论的发展，奠定了现代激光技术的理论基础。今天，相对论和量子论一起成为了现代物理学中最主要的理论基础，是宇宙航行和天文学的主要理论依据。20世纪20年代后，爱因斯坦集中力量探索统一场理论，并在1929年发表了研究论文《统一场论》。希特勒上台后，纳粹政权疯狂迫害犹太人，爱因斯

爱因斯坦提出的相对论创造了理论物理学的颠峰。

坦宣布放弃德国国籍，于1933年11月移居美国新泽西州的普林斯顿，在那里继续开展科学研究。

爱因斯坦在发表狭义相对论时提出的质能转换公式在1939年时已经不再是一个纯理论问题了，因为科学家们已经进行了从原子核裂变中获得巨大能量的实验，而德国在当时的原子能实验中居于领先地位。爱因斯坦对此深感不安，他在1939年给美国总统罗斯福写信，介绍了原子弹的巨大威力，敦促美国政府加快对原子弹的研究。爱因斯坦本想使原子弹成为

热爱和平的爱因斯坦激烈反对将原子弹用于战争。

135

一种威慑力量,但是当1945年8月6日第一颗原子弹在日本广岛爆炸时,爱因斯坦感到无限的悲哀,并尖锐地指出原子弹作为战争武器会使人类灭亡的可怕后果。

和蔼可亲的教授

爱因斯坦一心扑在科学研究上,从不关心自己的外貌。在众人的眼中,他就是这样的一个形象:头发长长的,而且蓬松着,脸色苍白,眼角布满皱纹,一双眼睛炯炯有神,充满智慧的光芒。

他住在普林斯顿的时候,谢绝任何人的来访,周围的人都觉得他很古怪。其实,他是一个很风趣的人,有着一颗童心。

有一段时间,邻家的小孩每天放学后就跑到爱因斯坦家里玩。妈妈发现后,就批评她说:"不要耽误教授的工作,以后不许去了!"这位妈妈还来到爱因斯坦家里向他道歉。

爱因斯坦反而笑着说:"哦,不用道歉,我们已经成了好朋友了。我每天帮他做算术题,她给我带小甜饼吃,我从她那里学到好多东西呢。"

作为一位举世闻名的科学大家,爱因斯坦就是这样的和蔼可亲、平易近人。

☆青霉素的发现者——弗莱明

弗莱明像

弗莱明生于1881年,卒于1955年。是英国细菌学家。他发现了人类多种疾病的克星——青霉素(也称"盘尼西林"),为整个人类社会做出不可磨灭的贡献。

在弗莱明7岁时,父亲去世,坚强而乐观的母亲挑起了家庭的全部重担。16岁时,弗莱明因为家道中落而半途辍学,他不得不自谋生计,在一家船运公司做起了工人,一干就是4年。1901年,他的生活发生了转机——他获得了姑母的一笔遗产,这使他能够继续完成学业。在哥哥的建议下,弗莱明选择了医学,并考上了帕丁顿的圣玛丽医学院,在1909年获得博士学位毕业后,弗莱明留在圣玛丽医院,并参加了由免疫学界先驱阿姆罗斯·赖特博士直接领

弗莱明正在用显微镜观察青霉菌

导的预防接种科。

一战爆发后，弗莱明参加了皇家军医部队，参与研究并协助治疗伤员所患的各种传染病。在战场上，弗莱明深刻感受到了病菌带给伤员的伤害和痛苦，这极大地激励他努力地研究消灭细菌的方法。1919年退伍后，弗莱明又回到了圣玛丽医院研究抗菌物质。1928年9月的一个早晨，弗莱明到了实验室，像往常一样，开始逐个检查培养皿中细菌的变化。一只长了一团团青绿色霉花的培养皿吸引了他的目光。他仔细地观察了一会儿，发现了一个惊异的现象：在青色霉菌的周围，有一个空白的小圈区域，原来生长的葡萄状球菌消失了。弗莱明马上又在显微镜下进行观察，结果发现，青霉菌附近的葡萄状球菌已经全部死亡。他意识到，这种青霉菌具有灭菌能力。后来经过进一步的研究表明，青霉菌是当时发现的最强有力的一种杀菌物质，

而且对动物没有任何毒害作用。弗莱明把他发现的青霉菌命名为青霉素，并于1929年6月在英国的《实验病理学》杂志上发表论文，公布了他对青霉素的研究成果。

当时青霉素还无法马上用于临床治疗，因为培养液中所含的青霉素太少了，很难从中提取足够的数量供治疗使用。后来，在牛津大学主持病理研究工作的澳大利亚病理学家弗洛里对弗莱明的关于青霉素的论文产生了浓厚的兴趣，他联合了德国生物化学家钱恩等人，制成了少量的青霉素，并在动物的实验上取得了巨大成功。于是，他们开始了批量生产青霉素的研究工作。

1941年6月，弗洛里带着青霉素样品来到不受战火影响的美国，经过艰苦的努力，终于制成了以玉米汁为培养基、在24℃的恒温下进行生产的设备，用它提炼出的青霉素纯度高、产量大，很快就在临床

在实验室辛勤工作的弗莱明

医疗中得到了应用。最先,青霉素只限用于抢救战争中的伤员,而到1945年大战结束时,青霉素的使用已经遍及世界各地,拯救了无数人的生命。

1944年,英国皇室为了表彰弗莱明对人类做出的突出贡献,授予他爵士封号。1945年,弗莱明、弗洛里和钱恩三人,共同获得了诺贝尔生理学及医学奖金。

1943年弗莱明在伦敦圣玛丽医院工作时的照片

☆让电视诞生的人——贝尔德

贝尔德像

贝尔德生于1888年,卒于1946年。他发明了电视机,促进了传媒业的发展,使人们足不出户就能了解到各类信息,极大地方便了人们的生活。

如今电视已经成为再普遍不过的东西了。那么,你知道电视是怎么发明的吗?

早在1873年,电气工程师史密斯在改革海底电缆的一个装置时,发现硒遇见阳光时,就像电池一样会产生电。这可是个奇怪的现象,因为在当时人们普遍认为只有发电机或电池才能产生电。

史密斯的发现引起了不少科学家的关注。美国工程师肯阿里知道这件事后,动手制作了一个特殊的装置,即在两块金属板中间夹上硒。这样,这个装置在阳光照射下,就会从金属板处发出微弱的电流。因为这是光发电,因此肯阿里把这个装置称为“光电池”。

“电话能随着声音的大小而使电流发生变化,而光电池在强光下产生强电流,在弱光下产生弱电流,能不能利用它的这种特性来传送图像呢?”想象力丰富的肯阿里不由得产生了这么个念头。

1875年,肯阿里做了一个试验:按照一张照片的图形,用黑白小点组成照片的形状;将许多硒的小颗粒密集地排列在一块板上;做一个用小灯泡密集排列的装置;用电线一对一地将每个小点和小灯泡连接起来。

按理说,当把黑白小点组成的图放在

贝尔德正在调试电视

硒板前,用灯光照射时,由于硒对光的感应是:黑点的地方接受的光比较弱,硒粒发出弱的电流,白点的地方接受的光比较强,硒粒发出强的电流。这样,硒粒上的电流强弱,通过电线,反映成小灯泡的亮暗,就会出现一幅灯光图。可是,肯阿里的试验失败了。

10年后,波兰科学家尼布可意识到肯阿里的试验设想并没有错,只是硒所产生的电流实在太小,不能使小灯泡发亮。于是,他也利用硒的特性,设计出了性能比光电池好得多的"光电管"。

有了光电管,尼布可在肯阿里试验的基础上,设计了一个新的方案:用一块布满极密小孔的网板,在图像或景物前旋转。光通过小孔,照射到硒料上。随着光的不断变化而产生强弱不同的电流,通过电线传送到远处,使远处的小灯泡发光。在远处的发光小灯泡前,用同样布满极密小孔的网板,按传送部分的速度旋转。这样,小灯泡的光通过网板小孔照射到白纸上,就可以形成与传送部分相同的图像。

1887年,尼布可新方案最终仍以失败

而告终。尼布可明白,这还是光电池所产生的电流太弱,达不到要求所致。

发明图像传送装置的梦想牵动着许多科学家的心。其中,英国科学家贝尔德对这一装置的研究简直迷得发疯。他在自己从事研究的同时,关注着科学界的一点一滴的进展。他认定,从理论上而言,肯阿里的试验以及到尼布可的试验都没有错,只是技术设备还不成熟。电视的诞生,需要其他技术注入"催产剂"。

1906年,美国科学家德雷斯特发明了三极管,它可以把微弱的电流放大。1912年,德国科学家耶斯塔和盖特发明了新型光电管。它的性能比光电池提高了几倍,可根据光的强弱,转换成不同强度的光。

贝尔德觉得电视的诞生该是时候了。他决定承接其他科学家的研究成果,将试验继续进行下去。贝尔德的研究过程是:在靠近一块硒板的地方放一张照片,再把一束光投射到照片上,并移动光束,使它照遍照片的各个部位,并反射到硒板上。这样,硒板上的感光就会随着图像的明暗变

贝尔德发明的早期电视机

早期的黑白电视机

化而产生各种强度不同的电流。这也就是现在人们所说的图像扫描。产生的电流被输送给发射机，由发射机用线路或无线电发射出来，再由接收机接受，并把电波转换成明暗不同的图像。不过，这只能产生静止的图像。

贝尔德为了这项研究和发明耗尽了所有的家产。他虽然变得一无所有，但仍顽强地坚持研制，终于制作出一台能传递静止图像的"机械扫描电视机"。

这台原始的电视机并没有引起社会太多的注意。面容憔悴的贝尔德感到无力坚持研究了，因为他连吃饭都成问题了。贝尔德只好将机械扫描电视机赠送给科学馆，换取一笔小小的款项，以维持最低的生活水平和最基本的研究条件。

接着，他对机械扫描电视机进行改进。把钻了许多洞的圆盘安装在一根织针上进行扫描，将光投射到转动的圆盘上，他把这个装置称为"转换器"。转换器按固定的顺序照亮图像的不同部位，再将其转换成电流。强度不同的电流发射给接收机，再转换成图像。经过改进，电视机拍摄和投放出来的图像比原来清晰逼真了许多。

1925年10月2日，在英国伦敦一家百货商店里，贝尔德用圆盘对一个小伙计进行扫描，结果电视屏幕上出现了小伙计的面容，这一举动一时轰动了整个英国。

1931年，贝尔德在伦敦大剧院进行电视"实况转播"试验。他要对距离伦敦大剧院23千米的赛马场进行转播。那天，整个伦敦大剧院被围得水泄不通。赛马开始了，只见电视屏幕上出现了奔跑的马、欢呼的人群……贝尔德终于成功了！他被兴奋的观众举起来，贝尔德脸上挂满了欣喜地泪水。

目前高清晰度电视机

☆原子能的先驱——费米

费米像

费米生于1901年，卒于1954年。他是美国杰出的科学家，他设计了第一座核反应堆，在理论物理和实验物理方面均取得杰出成就。

费米出生在意大利罗马，他从小聪慧过人。幼年时就喜欢读书的费米根本不满足于课堂上所学到的那点知识，他对数学和物理特别感兴趣，常找这方面的书来看。由于家中无藏书，自己手头也没有多少零用钱，费米只好到百花广场买一些价钱很便宜的旧书来读。书籍使费米着了迷，也开阔了他的眼界，使他知道世界上还有很多诱人的秘密，还有许许多多至今尚未揭开谜底的未知领域。

费米父亲的一位同事发现费米头脑灵活，思维敏捷，在数学和自然科学方面有着非凡的才能。于是他就有意识地培养费米这方面的才能，把自己的藏书循序渐进地借给费米，使费米一步一步地打下了牢固的基础。从那时起，费米就立下了要当一个物理学家的志向。

费米17岁时考入比萨大学师范学院。

在比萨大学学习期间，费米每次走过那座世界闻名的斜塔时，都要肃然起敬，伫立片刻。这个伽利略当年生活过的地方，处处给费米以科学的召唤。费米相信，伽利略的故乡在物理研究方面不该落在英、法、德等国的后面。后来他真的将自己的这一志向实现了。

早在1939年1月，在国际理论物理学会上，费米就已获悉德国的物理学家哈恩发现了铀核裂变现象。费米对此感到极其震惊，他想：铀核俘获一个中子后，会分裂成大致相等的两个部分；如果铀核每次裂变放出一个以上中子，并且它们又能引起下一次裂变，那么如此循环下去，就有可能发生链式反应。想到这里，他随手掏出一张餐巾纸，立即在纸上计算出铀核分裂可能释放的令人难以置信的巨大能量。物理学年会结束后，费米采用当时非常先进的回旋加速器，证实了链式反应不仅可能，而且速度快得惊人——前后两次反应的时间

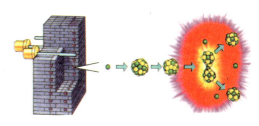

费米的原子分裂图

间隔只有五十万亿分之一秒。

　　"一旦能够人为地控制铀核裂变的速率,使链式反应自动持续下去,那么,它将在极短的时间内释放出巨大的能量! 人类将找到一种全新的能源!"费米不禁为这个设想兴奋不已。但是,怎样才能在实践中实现这个链式反应呢? 费米知道,促使铀核裂变并形成链式反应的关键在于中子。在绝大多数情况下,中子释放速度太快,一下就不见了,因此很难被铀核"俘获"。为此费米明确了下一步的研究方向——寻找减速剂。经过大量的实验,费米终于找到了理想的减速剂——纯石墨。

　　1942年,在芝加哥大学的网球场内,费米带着一批物理学家开始建造世界上第一座核反应堆。反应堆的直径为7米,一层石墨一层铀,总共57层,整个反应堆高6米。乍一看,反应堆就像个扁球形的"炉灶"。在这个"炉灶"里,插着一根特制的镉棒,它能吸收中子,只要调节它的深入尺寸,就能够控制裂变反应速率。11月底,这个庞大而古怪的"炉灶"终于砌成了。12月2日,原子反应堆试动转,大家都在紧张地为此做准备。费米抬起手腕看了一下表,9时45分。他大声喊道:"大家注意,现在启动反应堆。"此刻,所有在场人员的注意力都集中在"炉灶"上,等候费米的命令。15分钟后,费米下令:"抽出控制棒!"负责控制棒的那位物理学家,立刻把镉棒慢慢向外抽出一些。人们屏住呼吸,只听

"胖子"原子弹

"小男孩"原子弹

　　原子能是一把双刃剑,它既可用于发电,也能制造威力强大的原子弹。到1945年,美国人共制造出了3颗原子弹,一颗用于实验,另两颗分别取名"胖子"和"小男孩"。1945年8月6日,美国人把"小男孩"投到日本广岛,8月9日把"胖子"投到日本长崎,加速了第二次世界大战的结束进程。

得计数器的声响越来越快——铀核裂变开始了! 这时,费米认真地注视着测量仪器,脸上浮现出自信的微笑。到了下午3时20分,费米再次下令:"再把控制棒向外抽0.3米!"3分钟后,费米欣喜地宣布:"反应堆正在自动进行链式反应,我们成功了!"一直守候在反应堆旁边的物理学家们,激动得互相拥抱起来,脸上布满成功的喜悦。

　　人类终于打开了奇妙的原子能宝库的大门,利用原子能的时代从此开始了。

☆杰出的火箭专家——布劳恩

布劳恩像

布劳恩1912年生于德国的东普鲁士，卒于1977年。第二次世界大战期间，他领导"V-2火箭"的研制工作。战后布劳恩来到德国，先后主持研制多种火箭和导弹，他在晚年完成了航天飞机初步设计。

1944年6月的一个晚上，英国伦敦的天空中突然传来刺耳的轰隆声，接着巨大的爆炸声此起彼伏，火光冲天，尘烟滚滚。

这突如其来的声响使英国防空军感到莫名其妙。因为雷达监控系统工作正常，荧屏上并没有出现异常情况；探照灯光柱不停地扫射天空，没有发现敌机的踪影；防空监察哨也没有听到任何飞机的响声。这是怎么回事呢？

后来，英国的情报部门才获悉：这是德军从300千米以外的荷兰海岸发射的新式武器。这种新式武器在几分钟内越过英吉利海峡，直奔伦敦。它就是世界上最早出现的导弹——V-2导弹。它是德国火箭专家冯·布劳恩的杰作。

早在1930年，布劳恩在柏林理工学院就学时，就对液体燃料火箭产生了浓厚的兴趣。他跟从著名的科学家奥柏教授，学习火箭的研制方法。

在校学习期间，布劳恩刻苦钻研、一丝不苟。在一次火箭试验中，火箭即将发射了，布劳恩还往火箭的落点方向跑去。

人们见了，不禁大声喊道："布劳恩，别跑，那儿危险！"

"没事，我要看看火箭最后飞行阶段的情况。"布劳恩一边跑一边回答，他一直跑到火箭落点附近的土坡上，蹲在那儿。

"轰隆"一声火箭爆炸了。顿时，尘土飞扬。烟尘消散后，人们在山坡边上的一条沟里找到了布劳恩，而这时的他浑身是血，伤得不轻。

凭着这种探索精神，布劳恩取得了优异的学习成绩。1934年，布劳恩获得柏林大学的物理学博士学位。

此后，他继续从事火箭的研制工作，并使火箭的升空高度有较大的提高。

布劳恩要让火箭升得更高，这样火箭才能射得更远。因为火箭如能冲到大气层外空气极其稀薄的空间，就可以以极小的阻力向目的地飞去。然而，要让火箭在高空正常工作并不容易。高空中空气稀薄，氧气不足，而火箭中的液体燃料燃烧时要消耗大量的氧气。

"怎样让火箭在高空正常工作呢？"布劳恩一直在思考这个问题。他设计了许多方案,试了许多办法,可仍然不能解决问题。布劳恩的研制工作陷入了困境。

一天早上,布劳恩正在实验室里工作。他的朋友来到实验室,邀请他参加野炊活动。布劳恩想了想说:"行啊。只是昨天刚下过雨,地上的柴草还有点湿,恐怕不大容易烧着。""这还不简单,带上酒精不就解决问题了吗？"朋友说着,把布劳恩往外拖。

来到野外,树林中的枯枝败叶果然还有点潮湿,他们在湿的柴草上泼上酒精,火烧得非常旺。

一个念头忽然从布劳恩的脑海中掠过:酒精……燃烧……要是让火箭带上氧化剂,也许就可以解决火箭高空燃烧的问题。布劳恩扔下手中的柴火直奔实验室,他立刻找来氧化剂——液态氧以及煤油、酒精等原料进行试验。经试验证实采用燃料和氧化剂作为火箭推进剂,可以解决火箭高空燃烧问题。

1942年1月,装有新式火箭推进剂的A-4火箭进行试飞。结果,它的速度接近每秒2千米,最大飞行高度可达96千米。为了保证它的命中精确度,布劳恩给它安上了"眼睛",即能将弹体自动引导到预定目标上的自动控制设备。这种新式武器被称为"V-2"。

1942年10月3日,V-2导弹进行第一

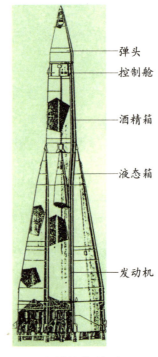

V-2导弹结构模型

弹头
控制舱
酒精箱
液态箱
发动机

次试飞。导弹发射后,一瞬间就升到96千米的高空,然后转变,在与地面平行方向飞了190千米,离预定目标4千米处爆炸。

试验获得成功！但是,由于V-2导弹的制导并不很精准,命中率低,因此在1944年6月的对英国伦敦袭击中,也没能起到太大的作用。

第二次世界大战后,导弹得到了很快的发展,几乎每隔几年或十几年就要革新一次。如今,导弹的种类相当多,各有各的专门用途。而且,命中的精确度近乎完美。比如:战斧式巡航导弹,能主动避开雷达的侦察,在巡航发动机作用下低空飞行。导弹头上装有电子系统,能把飞行中的地形与贮存的磁带相比较,并不断修正飞行路线,直至到达预定目标。更有趣的是,它击中目标后,还能向基地报告战果。由于导弹的强大威力,因此可以说,导弹的发明,使得现代战争演变成为导弹的对抗战。

☆人造天体的创造者——科罗廖夫

科罗廖夫像

科罗廖夫生于1907年，卒于1966年。他是苏联著名火箭和航天系统总设计师，苏联科学院院士，载人航天的开创者。

第二次世界大战结束后，美国和前苏联展开了一场和平竞赛，尤其是在火箭和宇航技术上的相互较量。这两个世界超级大国各自组织了一批科学家、高级工程技术人员进行研究，他们暗暗地较上了劲。

1955年7月29日，美国公开宣布：要在1957年的"国际地球物理年"发射人造卫星。这时，前苏联的火箭总设计师谢尔盖·科罗廖夫，正殚精竭虑致力于前苏联的航天技术发展。当他从收音机里听到美国公布的这一消息时，心里焦急不安。美国人准备在两年内发射人造地球卫星的计划激发了他强烈的使命感。

那一夜，科罗廖夫彻夜未眠，连夜赶写了一份关于加快研制苏联人造地球卫星的计划。好不容易挨到天亮，他立即将报告递交给了当时的苏联领导人赫鲁晓夫。

美国公布的消息，也大大地震动了前苏联领导，政府很快批准了科罗廖夫的报告，加快了在哈萨克大草原建设卫星发射基地的步伐，并指命科罗廖夫全权负责。

受命于非常时刻的科罗廖夫，深知这项任务的重要性和特殊性，容不得半点马虎。他立即率领一批火箭专家、高级技术人员，开始了一场争分夺秒的战斗。

凭着渊博的火箭知识，科罗廖夫知道，要把人造卫星送入绕地球运行的轨道，必须具有足够推动的运载火箭。但是，他们当时只有单级火箭，而单级火箭的推动显然太小了。

怎么办呢？科罗廖夫苦苦地思索着。如果这个问题无法解决，他们的计划也就无从实现了。一天，正在苦恼中的科罗廖夫忽然想起了"宇航之父"齐奥尔科夫斯基。科罗廖夫一拍脑门："对，为什么不向他请教呢？"

科罗廖夫立刻找来齐奥尔科夫斯基的著作。当看到齐奥尔科夫斯基《乘火箭飞船探测宇宙》一文中关于多级火箭的设想时，科罗廖夫顿时豁然开朗，他根据齐奥尔科夫斯基"火箭列车"的设想，开始设计具有更大推力的运载火箭。在研制过程中，他不断完善"火箭列车"的设想，提出用串联或并联的方式组成多级火箭或捆绑式火箭。

转眼间,两年过去了,科罗廖夫的研制计划到了最关键的时刻。1957年10月4日夜晚,哈萨克大草原卫星发射基地上灯火通明,人们一派紧张、激动的景象。

卫星发射基地的中央,矗立着一枚巨大的两级火箭。在强烈的探照灯光照射下,它就像一柄利剑,傲然指向神秘莫测的苍穹。发射的时刻终于到来了。科罗廖夫稳步向前,亲手点燃了导火线,然后迅速撤入掩蔽部。

50秒、30秒、20秒、10秒……

周围一片寂静,唯有导火线"哧哧"燃烧的声音,人们紧张得连大气也不敢出。

宇航之父

齐奥尔科夫斯基(1857~1935),俄罗斯人。他提出著名的火箭公式,为宇宙航行奠定了理论基础。

"轰——"的一声巨响,在耀如白昼的火光中火箭冲天而起。发射成功了! 科罗廖夫和同伴们紧紧地拥抱在一起。

火箭载着世界上第一颗人造地球卫星"斯普特尼克一号",把这颗重83.6千克、带有两个无线电发射机的铝合金小球送入了地球轨道。

当科罗廖夫和同伴们收到从这个小球上发射回来的无线电波时,他们无比激动地大声欢呼:"成功了! 我们成功了! 人类成功地进入宇宙航行的时代啦!"

经过艰苦卓绝的努力,科罗廖夫终于实现了夙愿,抢在美国之前将人造地球卫星送上了太空。从此,浩瀚的太空出现了一族新的成员——人造天体。

世界上第一颗人造地球卫星

1957年10月4日发射,直径58厘米,重83.6千克。

☆ DNA 之父——沃森

沃森像

沃森生于1928年。他发现的DNA双螺旋结构及由此产生的生物技术革命，影响着人类的生活，影响着自然科学，包括社会科学的发展。

詹姆斯·杜威·沃森生于美国芝加哥，沃森小的时候是一个神童。他5岁时随父亲到位于纽约市的美国自然历史博物馆参观，对各种各样、形形色色的鸟类标本就有浓厚的兴趣，当时他最大的"野心"是能成为这个博物馆的馆长。没有想到，20年后他成了DNA之父。

1951年，沃森与他后来最好的合作伙伴——大器晚成的物理学博士生克里克在英国剑桥大学不期而遇了，初次见面时他们彼此都曾感到吃惊，因为他们对DNA的看法竟如此相近，而且能知识互补。这奠定了他们日后有成效地合作的基础。

第二年，美国化学家鲍林发表关于DNA三链模型的研究报告，这种模式被称为α螺旋。沃森和克里克经过深入讨论后对鲍林的模型产生了一种新概念：DNA不是三链结构而应该是双链结构。他们继续循着这个思路深入探讨，极力将关于这方面的研究成果集中起来。根据各方面对DNA研究的信息和他们的研究分析，得出一个共识：DNA是一种双链螺旋结构。这真是一个激动人心的发现！沃森和克里克立即行动，马上在实验室中联手搭建DNA双螺旋模型。从1953年2月22日起奋战，他们夜以继日，废寝忘食，终于在3月7日，将他们想像中的美丽无比的DNA模型搭建成功。

沃森、克里克的这个模型正确地反映出DNA的分子结构。美丽的双螺旋首次呈现在人们眼前。这个双螺旋模型，成为一门新的学科——分子生物学诞生的标志，也是一个新的时代——生物学时代来临的标志。此后，遗传的历史和生物学的历史都从细胞阶段进入了分子阶段。由于沃森、克里克和威尔金斯在DNA分子研究方面卓越的贡献，他们分享了1962年的诺贝尔生理学或医学奖。

有趣的是，在发现DNA双螺旋结构

时，沃森是一个刚刚迈出校门不久的大学生，而克里克则是一个不懂遗传学的、不得志的物理学家。然而就是这两个人，改写了生物学的历史。他们的研究成果被誉为可与达尔文的进化论、孟德尔的遗传定律相媲美的重要科学发现。

关于DNA双螺旋结构的发现日期还有一段小故事。1953年2月28日，37岁的克里克走进英格兰剑桥大学的雄鹰酒馆，在那里他向一群困惑的听众宣布，他和一位朋友发现了"生命的秘密"。然而包括沃森在内的许多科学家却都认为，只有当沃森和克里克于1953年4月25日在《自然》杂志上首次发表关于DNA双螺旋结构的论文时，生命的秘密才算得上是真正展现在人类面前。

中国科学院遗传与发育生物学研究所研究员莫鑫泉说，DNA双螺旋结构的发现开启了分子生物学时代，使生物大分子

此图为沃森最好的合作者——克里克。他们二人完美合作，成功发现了DNA结构。

的研究进入一个崭新的阶段，使遗传的研究深入到分子层次，"生命之谜"被打开，人们清楚地了解遗传信息的构成和传递的途径。50年来，分子遗传学、分子免疫学、细胞生物学等新学科如雨后春笋般出现，一个又一个生命的奥秘从分子角度得到了更清晰的阐明，DNA重组技术更是为利用生物工程手段的研究和应用开辟了广阔的前景。

"发现DNA双螺旋结构的意义对生物学来说怎么估量都不为过。"莫鑫泉先生万分感慨的说："用双螺旋结构解释遗传是如何进行的，这是人类对自己、对生物学认识的巨大飞跃。发现双螺旋之前，科学家对生命现象进行了长期的思考与研究：是什么因素使

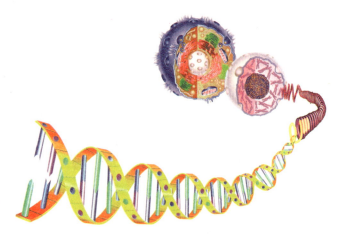

DNA 模型

人类能够一代一代地将遗传特性保持下去？"的确，就是一个桌子还有腐朽变坏的时候，为什么人类就能代代延续？什么决定了人生人，老鼠生老鼠？

在20世纪初，没有人能够想到DNA就是遗传物质。当时科学家们猜测，生命的遗传物质应该是蛋白质，因为20种氨基酸多种不同的组合，可以形成许多不同的蛋白质，蛋白质作为酶催化生物代谢反应，由此控制多种遗传性状的表达。然而在沃森和克里克发现DNA双螺旋结构后，科学家们终于明白了，DNA的四种核苷酸分子不同的组合或序列构成了成千上万种基因，这些"化学语言"编码着不同的遗传信息，指导和控制着生物体的生化、形态、生理和行为等多种性状的表达和变化。DNA是自然界唯一能够自我复制的分子，正是这种精细准确的复制，为生物将其特性传递给下一代提供了最基本的分子基础。

DNA双螺旋结构的发现及由此产生的生物技术革命正以前所未有的深度和广度影响着人类的生活，影响着自然科学，包括社会科学的发展。

沃森、克里克正在研究DNA的螺旋结构

☆轮椅中舞蹈的科学奇人——霍金

霍金像

霍金是英国杰出物理学家,他用毕生的精力研究黑洞和宇宙大爆炸原理。他提出黑洞能发射辐射的预言现在已是一个公认的假说。

1942年1月8日,斯蒂芬·霍金诞生在英国的牛津郡。霍金的家庭是典型的书香门第,父亲是一位声望很高的医生,兴趣广泛,是他把霍金的兴趣引向了天文学。母亲在哲学、政治和经济学方面具有很深的造诣。

霍金具有独特的个性,他总是根据自己的兴趣或需要来学习,从未受到父亲工作的影响。霍金的父亲希望他去研究与医学紧密相关的生物学,但霍金对生物学从来就没有兴趣。与一般的孩子不同,他所喜欢的是探索宇宙的奥秘,在茫茫宇宙中,人类从何处来?为何在这里?由于物理规律制约了整个宇宙的行为,所以,霍金对物理学最感兴趣。中学毕业时,霍金已经立下了献身物理学的宏愿。那一年,他以优异的成绩考入了牛津大学物理系。

1963年,霍金从牛津大学毕业后,来到剑桥大学攻读理论物理学博士学位,然而,霍金很快遇到了难题,他原先放松了数学,薄弱的数学基础使他在做"广义相对论"的复杂计算时感到很吃力。第一学期情况相当糟糕,同时他的研究工作对他的数学要求也越来越高,虽然在物理学方面他有真知灼见,能深入地跟导师展开讨论,但整体看来,霍金很难寻找一个合适的研究课题,这使他陷入了困境。

霍金没有被吓倒,他刻苦钻研,奋起直追,不到一个学期,数学就赶上来了,到了第二学期结束时,他的数学与物理学齐头并进,皆成为本领域出类拔萃的青年学者。

然而又有一种麻烦来了,霍金开始觉得行动时躯体不能随心所欲。一天早晨起床系鞋带时,霍金双手颤抖,使不上劲儿,小小的鞋带像是有千钧之重,他费了九牛

霍金推出了轰动全球的著作《时间简史》

二虎之力,好不容易才把一双鞋带系上,身上已是汗流浃背了。他夹起课本去教室,明明看见了对面的电线杆,心里对自己说:"绕开它,绕开它!"却控制不住地一头撞在上面。课堂上,老师请他发言,他的嗓音含糊不清,好像喝醉了酒。这是怎么了?见

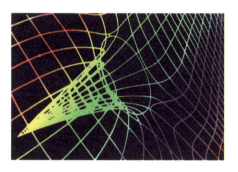

霍金推测出的黑洞示意图

鬼了吗?晚上,霍金心情沮丧地自斟自饮,可是却无法将酒准确地倒入杯子里,而是莫名其妙地洒在桌布上。一种不祥之感笼罩在霍金的心头。

经过医生诊断,霍金患了罕见的肌萎缩性侧索硬化症,这是一种不治之症。这种病会影响脊椎神经索和控制运动功能的大脑区域。随着细胞逐步衰退,最终引起全身瘫痪,当呼吸肌失去作用,便引起肺炎或窒息而死亡。只有大脑的思维和记忆等高级功能,通常不会受到影响。医生宣布:霍金只能活两年。

这个噩耗好比晴天霹雳,让霍金陷入了深深的绝望之中。不久后发生的一件事,使霍金的思想发生了转折,让他从此摆脱了恐惧。霍金在住院时,病床对面是一位素不相识的漂亮男孩,那位男孩每天早晨用腼腆的微笑和霍金打招呼。在一个夜晚,这个患白血病的男孩痛苦地离开了令他无限眷恋的人世。第二天,当阳光像往常一样洒满了病室,对面的床铺上却空空荡荡,男孩做的手工小汽车孤零零地留在床头柜上,霍金久久地凝视着。无限伤感之后他慢慢地想通了:还有人的命运比我更糟糕,和死去的男孩相比,至少目前的状况还没有使我感到自己是个废人。每当他自哀自怜时,那个苍白虚弱而俊秀可爱的男孩的面孔就浮现在他的眼前,那张稚气的面孔,原本是应该被光明的未来所照耀的啊!霍金重新树立起生活的信心和勇气。

幸运的是,霍金恰好是研究理论物理学的,大脑是工作中唯一真正需要的工具。"只要有个大脑,能活动,没死亡,我就要继续生活下去,学习下去,研究下去!"霍金下定决心,继续缓慢而艰难地攻读博士学位,终于以优异成绩毕业。后来,霍金的病情不断恶化,面对病魔,他没有一丝畏惧,他凭借顽强的毅力和对科学研究的无比热爱,使得黑洞研究捷报连连。

1988年,霍金出版了惊世之作《时间简史》,这是一部探索时间本质和宇宙最前沿问题的优秀科普著作。在这本书中,霍金以未受过系统科学教育的普通人能理解的方式,深入浅出地叙述了他关于"宇宙的起源和命运"的基本思想,解答了人类有史以来一直探索的问题——时间有没有

开端、空间有没有边界等等。这是一本当代有关宇宙科学思想最重要的经典著作，它改变了人类对宇宙的传统观念。它的想像丰富，构思奇妙，语言优美，展示了宇宙之奇，未来之变。这部著作在全世界引起巨大反响，被译成近40种语言，全球发行量高达2500万册，自出版以来一直雄踞畅销书榜首，创造了畅销书的一个世界纪录。这本书还被艺术家看中，耗资350万英镑拍摄成同名电影，进入世界各地的影院。

2001年秋天，霍金又出版了《果壳里的宇宙》。与《时间简史》相比，《果壳里的宇宙》大量使用图形来解释宇宙学概念，给读者一种直观印象，书名源自莎士比亚戏剧《哈姆雷特》的台词："我即使被关在果壳之中，仍自以为无限空间之王。"与其说"果壳里的宇宙"是书名，倒不如说

霍金超越了相对论、量子力学、大爆炸等理论而迈进创造宇宙的"几何之舞"。

是霍金对自我生活的一种比喻性写照，是他人生志气的宣言。

☆ 微软之父——比尔·盖茨

年轻时的比尔·盖茨

比尔·盖茨生于1955年，是美国软件之神、世界上最富有的人之一。他在电脑软件方面缔造了一个"帝国"，现在微软操作系统在全世界个人电脑的使用率上，已经占有高达90%的市场。

比尔·盖茨生于美国西北部华盛顿州的西雅图。良好的家庭环境对于盖茨的成长有着非常重大的影响。比尔很小的时候，就可以随便翻阅父母的藏书，而家中餐桌上的讨论总是既生动又富有教育意义。

1972年5月，这个书生气十足的男孩子把他编制的第一套软件——一套课程管理系统软件卖给了他就读的西雅图高中，得到了4200美元的报酬。此后的日子里，

盖茨赚到了更多的钱,而最重要的是,他学到了很多知识,储备了许多经验。盖茨相信,终有一天,计算机会像电视机一样走入千家万户。

1973年,盖茨被哈佛大学录取,但读的却是法律专业,因此他对于自己的专业不是很用心,而他也不是老师所认为的好学生,一直以来,盖茨都把自己的精力放在计算机上。他是同学眼中的"怪人"。

1974年,第一台个人电脑诞生了,而此前的电脑多是大公司的,电脑对于普通大众而言都是神秘不可测的。这个消息极大地震动了盖茨和保罗(他是盖茨最好的校友,也是他工作中的伙伴)。仍在上学的盖茨在保罗的协助和大力支持下,成功的开发了Basic语言。

1975年,经过不懈的努力,盖茨和保罗终于成立了自己的公司,这时他们已经今非昔比了,首先他们拥有了自己的技术,就是Basic,其次他们拥有了实力和经验,盖茨将公司命名为微软,就是微型计算机和软件公司的缩写。其后不久,著名的通用电气公司也决定使用Basic,微软从此名声大噪。

1980年对于微软而言是至关重要的一年。8月的一天,比尔·盖茨接到一位神秘客人的电话,要他安排会晤。比尔·盖茨打算把会晤时间定在下周,对方却急不可耐地说:"他们的人将在两小时以后飞来。"

这个神秘来宾就是IBM的代表,他们需要一种计算机软件,在和盖茨交谈了5分钟后,IBM的人认为这是与他们打交道的最出色的人物之一,但微软的技术并不是他们最需要的,列入IBM考虑范围的还有另一家公司,但是这家公司的态度却极为冷淡,盖茨的热情与此形成鲜明对比。于是IBM开始着重考虑微软。盖茨带着报告前去IBM的路上时,他的心情非常复杂,他害怕与这笔交易失之交臂,而这次机会将会是微软的一次重大转折。面对IBM的种种刁难,盖茨用敏捷的反应、幽默的口才说服了难缠的对手,赢得了这个合同。

接下来的日子里,所有的人都为这件事奔走忙碌,微软上上下下都动员起来,IBM公司对质量要求极高,规矩也太多。就拿保密工作来说,盖茨和同事们被关在西雅图国家银行大厦十八层的一间小房子里开发软件,IBM仍不放心,又送来专用

比尔·盖茨在演示他的windows95操作系统

早期的第一台计算机

　　世界上第一台电子计算机于1946年2月15日在美国宾西法尼亚大学正式投入运行,名称叫埃尼阿克(ENIAC)。它用了17468个真空电子管,重30吨,占地170平方米,每秒运行5000次。

保密锁,还要求整天不许开门。小房间没有窗户和通风设备,室内温度高达38℃。

　　这样的条件下为IBM干活,恐怕是比尔·盖茨他们从未享受的“高规格待遇”。并且任务重,时间又那么短,那么多双眼睛和竞争的对手都在等着看他们的好戏,盖茨天生就是擅长处理这种紧要事

windows98操作系统启动界面

件的人,在最后期限内,比尔和他的同事们完成了IBM交给的任务,打赢了这场硬仗。

　　1984年,是比尔·盖茨和微软公司丰收的一年。除了MS—DOS（这时已推出Ｖ3．1版）这镇山之宝外,还有Pascal、C、Word、GW—Basic等一大批软件畅销。公司的营业额超过一亿美元,登上头号软件公司的交椅。更引人注目的是,这年4月,比尔·盖茨上了《时代》杂志封面,此刻,他离而立之年还有两年呢。英姿风发的比尔·盖茨正向更高目标迈进。

　　比起其他的行业,计算机行业的竞争更加残酷和激烈。比尔和微软面对的是更新的挑战。1983年11月,比尔·盖茨宣布一种新的技术软件——Windows问世,并断言一年后他将在90%的采用MS—DOS的PC机上运行。可是,一年过去了,Windows很受冷落。不少用户抱怨原始版的Windows软件常常不能运行。而且,用户对其意义也不甚了了,认为他不过是DOS内核外的一个应用程序而已。微软继续努力,而年后推出Windows1.0版,再过了两年推出Windows2.0版,可惜都反映平平。除了盖茨,谁都没有想到,在以后的岁月里,Windows成为了全球计算机行业最流行、最被广泛应用的技术。

　　1990年5月,Windows3.0在卧薪尝

胆 7 年之后，终于隆重推出。微软公司不惜血本，Windows3.0推出的当天，宣传费就花了 300 万美元，而这还仅是上千万美元促销费的开始。为Windows3.0版花费的巨额促销费是值得的。这个成熟的窗口软件，获得了空前的成功，它的问世，具有划时代的意义，标志着个人电脑领域内又一轮革命的开始。

　　盖茨的成功不仅仅是他为计算机业带来的种种重大技术变化，还有他的聪明才智。因为，要想成为一个成功的商人，仅仅靠技术是不行的，还要有商业管理。

微软员工工资不是最高的，但公司对员工进行股票分配，员工的利益和公司的利益紧紧地结合在一起。同时，微软的工作环境也是宽松自由的，面对重大问题，公司总是信任年轻人，放手让他们去干。在盖茨的带领之下，整个微软是一个作战的整体，是一个亲密无间的团队。

　　盖茨是全球的一个奇迹，是计算机行业的奇迹。尤其在全球"数字化"的今天，当我们使用"Windows"技术的同时，我们应该感谢比尔——这个看似貌不惊人的文弱书生。